島田裕巳
中田考

世界はこのまま
イスラーム化するのか

GS
幻冬舎新書
395

はじめに

私たち日本人が、イスラームのことを最初に強く意識するようになったのは、やはり一九七九年から八〇年にかけて起こったイランでのイスラーム革命を通してのことだったのではないだろうか。

それ以前にも、一九七三年に起こったオイル・ショック（第一次）は、産油国としてのアラブ諸国の存在をクローズアップさせた。

これによって、世界経済を考える上で、石油輸出国機構（OPEC）に結集した国々の存在を無視できなくなった。それまで、石油の価格を決定する力を持っていたのは先進国の国際石油資本（いわゆるセブンシスターズ）であり、原油の価格は低く抑えられていた。それは、先進国が高度資本主義社会への道を歩むのを大いに助けた。だが、オイル・ショック以降、石油という資源は先進国が自由にできるものではなくなったのである。

しかし、その時点では、イスラームという宗教自体についての関心は、まだそれほど強くはなかった。

ところが、イランのイスラーム革命は、突如として起こったものだけに、世界に衝撃を与えた。現代の世界にイスラームの国家が誕生するなど、誰も予想していなかったのである。

イスラームが広がっているのは、先進諸国ではなく、経済的には遅れた地域だった。かつては、イスラームは高度に発達した文化圏を確立し、その時点では、ヨーロッパをはるかに凌駕《りようが》していたものの、産業化、近代化では遅れをとった。植民地化されたこともあり、世界の政治において、あるいは世界の経済において、さらには文化においても、さほど注目されることはなかった。そこには、キリスト教こそが最も進んだ宗教であるとするヨーロッパ流の宗教観も影響していた。

世界に衝撃を与えたイラン・イスラーム革命から、すでに三五年の月日が経った。そのあいだに、イラン自体も、アメリカとの関係もあり、複雑な歴史を歩み、当初の革命の理念がどれほど実現されているのか疑わしい部分も出てきてはいるが、その影響でイスラーム世界全体の存在感が相当に増していることは間違いない。

とくに、二〇〇一年のアメリカでの同時多発テロをはじめとする、イスラームが背景とされる無差別大量殺人、あるいは自爆テロが頻発したことで、イスラームは恐ろしい宗教であるという見方もされるようになってきた。

もちろん、テロ行為に走るのは、一部の人間であり、一六億とも言われるイスラーム教徒の大半は穏健派で、テロ行為を批判している。

けれども、イスラーム原理主義やイスラーム過激派といった言葉が、メディアにあふれているため、イスラームを警戒する声は強い。それは、イスラーム国（ＩＳ）の登場によって、よりいっそう強いものになっている。日本人にとっても、イスラーム国（ＩＳ）によって二人が捕らえられ、処刑されたことは衝撃を与えた。

その事件からは時間が経ち、今では当時ほどイスラーム国（ＩＳ）に対する関心はもたれていないかもしれないが、彼らは消滅してしまったわけではない。古代遺跡の破壊など、その主張にもとづいて、他の人間からすれば「蛮行」としか思えない行為を繰り返している。しかも、ヨーロッパからは、イスラーム国（ＩＳ）にはせ参じる若者も少なくない。これから、イスラーム国（ＩＳ）がどういう展開の仕方をしていくか、それは未知数である。

さまざまな点で、イスラーム世界の動向はますます無視できないものになってきている。

ところが、日本では、イスラーム国（ＩＳ）の事件を経験しても、国内にイスラームがそれほど広がっていないこともあり、遠い世界の出来事であると思っている人間の方が圧倒的に多い。

日本人イスラーム教徒の数は多くても一万人程度と見込まれ、外国人イスラーム教徒を合わせても一一万人程度と推定されている。人口の〇・一％であり、これは世界的に見ると圧倒的に低い数字である。店田《たなだ》廣文《ひろふみ》の推計では、ベトナムが同率だが、それは世界でも最低の数字となっている。日本は、世界でもっともイスラーム教徒が少ない国と言えるのである（『世界と日本のムスリム人口　２０１１年』早稲田大学 人間科学研究 第26巻第1号）。

日本ではキリスト教徒の数も少なく、総人口の一％程度で、この数字も世界的にはかなり低いが、キリスト教とのかかわりの歴史は長く、文化的にも影響を受けている。なにより、数多くのミッション・スクールが存在していることが大きい。

このように、日本にいる限り、イスラーム教徒と接する機会は少ない。だがそれは、世界的に見れば例外的なことである。お隣の韓国でも、移民によって一六万人のイスラーム教徒が入ってきている。韓国の人口が五一四〇万人で、日本の半分以下であることを考えると、その数は相当に多い。アジア全体では、インドネシアやマレーシアといったイスラームの国もあり、四分の一がイスラーム教徒である。

周囲にイスラーム教徒がいなければ、イスラームに対する関心も生まれにくい。日常的にかかわりがあれば、関心を持たざるを得ないが、今の日本はまだその状態にはない。

けれどもそれは、世界的に見れば例外的なことであり、イスラームの重要性は日増しに高まっている。しかも、ヨーロッパではキリスト教が大幅に衰退の気配を見せており、イスラームの移民が増加した結果、「ヨーロッパのイスラーム化」ということが真剣な議論の対象になっている。なにしろ、ドイツやフランスなどでは、すでに人口の五パーセント程度を占めるに至っているのである。

アメリカにはピュー研究所（Pew Research Center）というものがあり、世界の人口などについての統計資料を発表している。この研究所による推計では、今から一五年後の二〇三〇年において、イスラーム教徒の総人口は二二億九〇〇〇万人に達し、世界人口の二六・四パーセントを占めるまでになるとされている。現在のイスラーム教徒の数は、一六億人程度と見込まれるので、その増加の割合は驚異的である。ヨーロッパのイスラーム化だけではなく、世界そのもののイスラーム化が現実のものになろうとしている。

日本でも、これから大幅な人口減少に直面したとき、移民を積極的に受け入れるという方策が選択肢として浮上するはずである。その際に、インドネシアやマレーシアなどからイスラーム教徒の移民を受け入れる可能性は高い。そうなれば、日本でも、世界に遅れる形ではあるもののイスラーム化が進行することになる。

キリスト教も、経済発展が続いている国々では、日本の新宗教に似た奇跡信仰を核とした「福音派《ふくいん》」が伸びている。ブラジルや中国では、その傾向が顕著だ。

しかし、急激な経済成長が止まり、安定成長の時代に入ると、福音派の伸びは止まる。それはすでに韓国で起こっていることで、戦後急速に伸びたキリスト教も、現時点では、伸びが止まろうとしている。福音派を信仰する人々は、経済の発展とともに地方から都会へと出てきた人間たちであり、その動きが沈静化すると、安定した生活を望むようになり、奇跡信仰に依存しなくなるのである。

イスラームの場合には、キリスト教に比べて奇跡信仰の傾向は薄い。何しろ、厳格に偶像崇拝を禁じているからだ。その点で、イスラームの拡大は、経済成長とは関係しない可能性がある。むしろ、イスラーム圏自体での人口の増加、先進国への移民の増加が、その拡大に貢献しているように思われる。

世界のイスラーム化が進行していく状況のなかで、私たち日本人もそれに備えておかなければならない。人口減少が、イスラーム教徒の増大に結びつくのであれば、それは現実の生活にも大きくかかわってくるはずだ。

まずは、私たちは、イスラームとはどういう宗教なのかについて知る必要がある。重要なことは、イスラームが、同じ一神教であり、その影響を受けているはずのキリスト教とは、かなり性格が異なっているという点にある。

どう異なっているのかについては、これからの中田考氏との対談を読んでいただきたいが、中田氏という存在は、今後イスラームの重要性が高まってくるなかで、無視できないものになっていくはずである。

まずもって彼は、イスラーム教徒のイスラーム研究者という特異な存在である。しかも、その学識は広く、イスラーム世界に貢献するような重要な仕事もしている。

したがって、対談に明らかなように、イスラームの原理がどういったものであるのか、それを、非イスラームである私たちにもわかりやすい形で示してくれているのである。

中田氏が、イスラーム社会に生まれたわけではなく、異なる宗教の世界で生活し、しかも、改宗する以前にキリスト教にも強い関心を抱いていたことは大きい。氏が、二つの、あるいは三つの宗教世界を経験することによって、そこには自ずと宗教を比較して理解するという視点が養われているからである。

だが、何よりも重要なのは、中田氏の学識の深さではないかと思われる。彼と対談を重ねていくならば、他の人間と話をする以上に、イスラームに対する理解は深まっていく。その意味で、比較宗教学の立場にたつ私にとっては、中田氏との対談は、非常に貴重な機会となった。イスラームの世界を、たんに外側からなぞるだけではなく、その原理がいかなるものであるのか、かなり内側に近いところから理解できたように思えるのである。

是非、この対談が与えてくれた知的な興奮を読者の方々にも味わっていただきたいと思うのである。

島田裕巳

世界はこのままイスラーム化するのか／目次

はじめに 3

序章 イスラーム化する世界のなかで 17

ニュースを消費しては忘れ……を繰り返してきた日本 17
ムスリムでもあり研究者でもある中田氏 23

第1章 イスラームの基本 31

イスラーム教とユダヤ教、キリスト教の関係 32
預言者ムハンマド 40
クルアーンと聖書との違い 44
ハディースとは何か 51
イスラーム法の役割 53
スンナ派とシーア派 56
シーア派に変わると具体的に何が変わるのか 59
シーア派が勢力を拡大している背景 61

アメリカとの戦いで浮き彫りになったこと 66
イスラームに「組織」はない 68
モスクは誰が運営しているのか 70
人間同士が結ばれる関係はバイアだけ 74
イスラームに進歩はあるか 79
結婚こそ最強の宣教 83

第2章 イスラームは危険な宗教なのか 87

イスラーム法はゆるい？ 88
時代に制約されない「法」 99
イラン・イスラーム革命の衝撃 101
ワッハーブ派とは何か 105
イスラーム主義の元祖イブン・タイミーヤ 108
革命のジハード論 114
湾岸戦争から対アメリカジハードへ 118
政教分離には普遍性がない 121

特殊な政教分離国家――日・仏・トルコ 125
九・一一から広がる反イスラーム政策 132

第3章 なぜカリフ制が重要なのか 135

カリフ制不在の九〇年 136
「アラブの春」の功罪 140
イスラーム主義者の理想 144
カリフ制再興を優先しなければいけない理由 146
世界に「イスラームの家」はない 151
カリフ制は独裁主義ではない 155
カリフの選び方 157
目指すはグローバルな平和的アナーキズム 159
なぜ欧米の若者がイスラーム国(IS)に集まるのか 162

第4章 イスラームは気前がいい 167

ケチはイスラームの恥 168
アッラーは商売の言葉で啓示を与えた 172
禁欲主義がない理由 175
寄進がイスラーム社会をつくった 178
借金は、あるとき払いの催促なし 181
反イスラーム的なイスラーム金融 185
割り勘は損 190
「ハラール認証」は詐欺 194
商売は個人の信用がすべて 196
「イスラーム資本主義」に向けて 200

おわりに 204

構成　斎藤哲也
図版・DTP　美創
撮影協力　指出　顕

序章 イスラーム化する世界のなかで

ニュースを消費しては忘れ……を繰り返してきた日本

島田　この対談の趣旨を説明しておきましょう。

歴史的に見て、日本人にとってイスラームの世界は遠いものでした。そもそもイスラーム教徒は主に中東などに分布するため、日本人が接する機会は非常に少なかったことに加え、日本国内のイスラーム教徒も一一万人程度しかいません。これは、世界的にはかなり珍しいことで、イスラーム教徒の割合がこれほど少ない国はほかにほとんどない。その認識を、私たちは持つ必要があります。

世界全体で見ると、イスラーム教徒の数はキリスト教徒に次いで世界第二位ですし、今世紀半ばにはキリスト教徒を追い抜くという予測もあります。

そうである以上、グローバル化が進む現代において、私たち日本人がイスラーム教徒と接する機会は増えこそすれ減ることはないはずです。実際、日本のグローバル企業は、中東や東南アジアのイスラーム諸国との関係を抜きにしてはビジネスが成り立たなくなっています。

では、現実に日本人がイスラーム教徒と接することになったとき、彼らの価値観や生活習慣を適切に理解してつきあえるかどうかというと、甚だ心もとないものがあります。

たしかに九・一一以降、とりわけ近年はイスラーム国（IS：Islamic State）、イラク・レバントのイスラーム国（ISIL：Islamic State in Iraq and the Levant）の登場によってということになりますが、ニュースや報道でイスラーム世界のことを知る機会は増えました。しかし、その受容のされ方を見ると、多くの人は一過性の情報に飛びつくだけで、「イスラームとは何か」という深い理解にはなかなか至りません。

日本人はもう少し腰を据えて、イスラームの価値観や行動様式を学ぶ必要があるのではないでしょうか。私がそんなことを考えていた矢先、幸いにも、こうして中田さんと対談する企画が持ち上がったんです。

中田さんの経歴はこの後に触れることになりますが、中田さんは日本屈指のイスラーム学者であり、ここが重要で、また希《まれ》なことでもあるのですが、御自身がイスラーム教徒でもあります。「イスラームとは何か」を語ってもらうとしたら、中田さんほどの適任者はいません。

そこでこの対談では、私が主に質問役となって、中田さんにイスラームのいろはからその本質まで存分に語っていただきたいと思います。私の専攻する宗教学では、比較ということが重視されますから、随時他の宗教との対比を行いながら、イスラームという宗教の特異な点、あるいは他の宗教と密接に関係する点などについても語っていきたいと考えています。

中田　どうぞ、よろしくお願いします。

島田　中田さんは、イスラーム国（ＩＳ）に日本人二人が拘束されたときに、日本外国特派員協会で会見を行い、人質救出のための提案をしたことで話題になりました。

ただ、それ以前から、中田さんは知る人ぞ知るイスラーム学者として注目されていた。九・一一が起こったときには、何冊かの書物を出版されていて、私も読みましたが、テロの宗教的な背景を考える上では、他の著者の書物にはない重要な示唆《しさ》が多く含まれていたように思います。プロフィール的なことでいうと、中田さんは東大のイスラム学科（現、イスラム学研究室）の第一期生ですが、イスラム学科の出身者でイスラーム教徒になったのは中田さんだけですよね。

中田　そうなんですね。二〇一四年にイスラーム教徒の学生が修士課程で入りましたけど、学部時代からのイスラーム教徒という意味では、創設三十数年経っても、いまだに私だけです。

島田　東大の文学部にイスラム学科が創設されたのは、一九八二年のことになります。それ以前に、イスラーム研究をしようとする学生は、私の所属していた宗教学科で学んでいましたから、先輩にも、イスラーム研究を行っていた人間がいました。八二年というと、私が博士課程に在籍していた時期ですから、イスラム学科が宗教学科から分かれるような形で生まれたことも覚えています。

では、そのイスラム学科が生まれてくる背景についてお話しいただき、その後に、なぜ中田さんが新設のイスラム学科に入ったのかを教えていただきたいのですか。

中田　イスラム学科ができるまでは日本の大学にはイスラームを専門に教える学科は存在しませんでした。そこで東京大学教養学部の板垣雄三先生らが中心になってイスラム学科を作る動きがありました。そこにちょうど一九七三年、七九年と二度にわたる石油ショックがあり、政府も中東・イスラーム研究の必要に気が付いたので追い風になり、イスラム学科が作られたと聞いています。後で聞いた話だと、最初は黒田壽郎先生が初代主任教授候補だったと聞いていますが、真相は私も知りません。そうなっていれば日本のイスラーム研究の現在はずいぶん違ったものになっていたでしょうね。

東京大学は、一年、二年と教養学部で学んで、三年で専門の学部・学科に分かれますよね。私は二年までは「駒場聖書研究会」というサークルに入っていたんです。聖書研究といっても信者の団体ではなく、学問的にユダヤ教やキリスト教の研究をするというサークルでした。この駒場聖書研究会の三年先輩には東京大学教養学部で人類学を教えている福島真人先生がいます。

島田　その頃から宗教には強い関心をもっていたというわけですね。

中田　母方の祖父が神主であったため、幼い頃から宗教に親しんでいたのは確かですが、神道には宗教性は感じず、子供の頃はカトリックの教会に行っていました。親はキリスト教には何の関心もない人ですが、教会で英語の勉強を教わったりできるので、通わせていたのだと思います。それで、子供の頃からキリスト教に親しんでいたし、一神教がなんとなく好きでした。

島田　だとすると、イスラームではなく、キリスト教を学ぶという選択肢もあったんではないですか。

中田　ただ、ちょうど大学二年のときに、イラン・イスラーム革命が起きたんです。イラン・イスラーム革命については第1章で説明しようと思いますが、あの事件で宗教の力というものを見せつけられたわけです。

島田　その後のイスラーム世界の展開過程を考える上で、イランでの革命は極めて重要な意味を持ったわけで、それが中田さんにも強い影響を与えた。しかも、ちょうどその時期に、イスラム学科が新設されたというわけですね。

中田　ええ。東大だとユダヤ教やキリスト教を専門的に学ぶ学科はなくて、学ぶとしたら宗教学になります。宗教学よりはイスラム学科の方が面白いんじゃないかと思って、そちらを選んだんです。

島田　宗教学の方は宗教全般を扱うので幅が広く、個別の宗教について研究したいという学生なら、仏教ならインド哲学・仏教学科、イスラーム教ならイスラム学科ということになりますね。ただ、キリスト教やその他の宗教となると、東大には専門の学科がないので、宗教学科に入ってくるということになります。私の場合には、個別の宗教よりも、むしろ宗教学や人類学、あるいは社会学の理論という方に関心があって、それで宗教学科を選びました。

それで、イスラーム教に入信されたのは、学科に進んだ後ですか？

中田　はい、大学三年の終わり頃です。イスラム学科で研究対象に選んだ厳格なスンナ派の法学者のイブン・タイミーヤに感化されて入信しましたので、入信する以上はムスリムとして正しい生き方をしようと決めていたので、入信の前日には、これが最後だ、とトンカツを食べ、赤玉スイートワインを飲んで、翌日、神戸のモスクに行って入信したんです。

島田　イスラームが広まっている地域なら、意識しないままイスラーム教徒になるわけですが、日本でイスラーム教徒になるということであれば、中田さんが経験されたようにそれなりの覚悟が必要になり、酒や豚肉を断つという儀式のようなものをすることになったんでしょうね。

ムスリムでもあり研究者でもある中田氏

島田　ところで、日本では中田さんのように、イスラーム研究をするイスラーム教徒というのは、非常に特殊であるかのように思われていますが、他の宗教研究と比べると、じつは信仰を持たない研究者のほうが特殊ともいえます。たとえばキリスト教の研究者というのは、基本的にクリスチャンです。クリスチャン以外でキリスト教を本格的に研究している人は、あまりいないのではないでしょうか。組織神学を研究していて、創価学会員だという人のことは聞いたことがありますが。

中田　仏教でもそうですよね。仏教徒以外で仏教の研究者はほとんどいません。

島田　ところが、イスラーム研究者は日本にそれなりの数いるわけですけれど、イスラーム教徒はほとんどいない。これは、欧米のイスラーム研究者の場合にも同じですね。

中田　世界的に見ると、その宗教の信徒が研究者になるのがスタンダードです。イスラーム世界だと、イスラーム研究者は全員イスラーム教徒です。その意味では、ヨーロッパの宗教学が特殊であって、信徒でない人が宗教の研究をしていますよね。しかしそのヨーロッパでさえも、近年ではイスラーム世界からやってきたムスリム移民たちがイスラーム研究者の中の多数派になりつつあります。

島田　なるほど。ヨーロッパの場合は、「宗教学」とは言わずに、「宗教史学」と言う方が一般的ですね。その点では、日本と世界では感覚が違います。日本で宗教学というと、客観的中立的に宗教を研究する学問だと考えられているけれども、世界的に宗教学といえば、むしろ信仰を持ってる人たちがそれぞれ、キリスト教なりイスラーム教なりヒンドゥー教なりを研究するということが一般的です。

日本で宗教学を研究していると、信仰もない人間にその宗教の本質などわからないと言われることがありますが、そうした研究者自身の学問と研究対象の関係について、中田さん個人としてはどのようにお考えでしょうか。とくに、日本のイスラーム研究を踏まえてということになりますが。

中田　信仰の問題ではなく知識の問題です。イスラーム教徒のイスラーム学者（ウラマー）は子供の頃からクルアーン（コーラン）とハディース、法学、神学などを学んでいます。また若者の教育だけでなく、ムスリム社会の福祉もイスラーム学者の務めですから、彼らはムスリム社会の抱える問題や社会運動などについてもインサイダーとしての知識を持っています。日本のイスラーム研究者には、そうしたイスラーム学の基礎教養、ムスリム社会のグランドリアリティーについての知識が決定的に不足しているのが問題なのです。信仰がないのが問題なのではありません。

島田　なるほど。そもそもイスラーム研究というのは、日本で少ないのが現状でしょう？

中田　「イスラム」が看板になっている学科や専攻は、東大のイスラム学科、九州大学のイスラム文明史学研究室、東北大学の大学院にあるイスラム圏専攻の三つだけです。

島田　東大のイスラム学研究室に進学している人は毎年一定数はいるわけですよね。宗教学科の場合、私が一九七〇年代の半ばに入った頃には、毎年の進学者は二、三名程度というのが普通でした。私たちの代は異常で、ほかに四方田犬彦とか、渡邉直樹とか変わった人間たちが入ってきて、たしか一六名だったと思いますが、普通はそんなに進学者はいなかった。もっとも最近では宗教学科は人気の学科になっていて、学生を多く抱えているようです。

中田　学部ではゼロだった年はないと思いますが、修士はゼロが二年続いたんです。今年久しぶりに二人「も」入った。そういう世界です。

島田　イスラム学科が生まれたのは、発足当時、それだけイスラーム研究の重要性が高まっていたからですが、学生から関心が持たれないようでは、イスラーム研究の将来は必ずしも明るくはないですね。

中田　率直に言って、日本のイスラーム研究のレベルはどんどん落ちています。現在の大学システムだと、大学院の修士課程から業績を出していかないと文科省から助成金をもらえないので、まともなイスラーム学者は育ちにくいんです。そのような制度は、大学に入る前に基礎の勉強を済ませている自然科学や社会科学、あるいは人文科学でも英文学などではある程度の合理性はあります。しかし、イスラーム学のような大学に入るまではほぼ白紙で大学の専門課程で初めてアラビア語を習い始めるような学問領域では破壊的です。難解なアラビア語を習得し、イスラーム学の基礎であるクルアーンやハディースを地道に学んでいては二年すべてをかけても足りないぐらいですのでとても修士論文など書けません。

　そこでイスラーム学に必要な勉強をする代わりに、僅かな二次資料を読んだだけでごまかしの論文をでっちあげた学生こそが、文科省が望むキャリアパスを歩む研究者ということになってしまうのです。

島田　そうであれば、信仰の有無はともかく、イスラームの根源的な価値観や考え方を理解できるような研究はなかなか出てこないということになりますね。当然、日本人のイスラーム理解ということも深まっていきません。

　しかも、日本人にはなまじ仏教やキリスト教についての知識があることが、かえってイスラーム教をわかりにくくしている面があるように思います。とくに、キリスト教はイスラーム教と同じ一神教だということで、もちろんそこには影響関係があるわけですが、イスラーム教をキリスト教と似た宗教としてとらえ、その面で評価しようとしたりする。

ところが、むしろ日本人には親しみのある仏教やキリスト教の方が宗教としては特殊な面があって、そうした角度から見ようとすると、イスラーム教はますますわかりにくいものになってしまうように思います。

中田 そうなんですよね。一方、研究者の世界では、もともと日本のアラブ・イスラーム研究は、東洋史研究から始まっているせいもあって、こちらはこちらで、親アラブ、親イスラームという色眼鏡をかけて研究をしがちです。

でも、私の見たところ、そういった人たちの研究も、イスラーム世界での生活感覚とけっこうズレてしまっています。真摯《しんし》なムスリムであるなら、イスラームの理想と自分自身の至らなさ、ムスリム社会の現実とのギャップ、伝わらない想いに心を痛めているはずであり、手放しのイスラーム賛美、安易なムスリム社会の自画自賛などできないはずであり、かえってムスリム社会の現状に厳しく批判的になるはずだからです。

島田 宗教について研究するということは、どうしても価値ということがかかわってきて、自分の信仰する宗教を研究するにしても、信仰を持たない宗教について研究するにしても、いろいろと難しい問題が出てきます。そうしたことがイスラーム教を考える上で、どういった影響を与えているのか、あるいはどういった偏見を生んでいるのかも考えていかなければなりませんね。

第1章　イスラームの基本

イスラーム教とユダヤ教、キリスト教の関係

島田　日本人はまだあまりはっきりとは認識してないし、関心も薄いのかもしれませんが、ヨーロッパではいま、キリスト教徒の教会離れがかなり深刻な形で進んでいます。とくにプロテスタントが多いドイツやイギリス、北欧などの地域で顕著です。

　どういうことかというと、こうした国々では、教会に所属していると、所得税の八〜一〇%くらいの額を教会税として支払わなければいけない。ところが、それを払いたがらない若年層が増えていて、この数年の間でも相当な数の人々が教会をやめている。イギリスでは、日曜日に教会に通っているキリスト教徒は一割を切っているほどです。同じことは、ヨーロッパのかなりの国で起こっています。

　そのために、教会が維持できなくなって、住宅として売られたり、天井が高いのでサーカスの練習場として売られたりしています。そこで興味深いのは、維持できなくなった教会の売り先で一番多いのが、イスラームの礼拝施設であるモスクになっていることです。「居抜き」でそのまま売れるわけで、売る方も、世俗的な場所に転用されるよりも、祈りの場所として使われるならと歓迎している面もあるようです。

こういうふうにキリスト教が衰えつつある一方で、ヨーロッパのイスラーム教徒は移民を中心に増加しています。地域によっては、イスラーム教徒の方が多いところも出てきている。だからヨーロッパの白人は、将来、ヨーロッパ全体がイスラーム化するのではないかと、かなり本気で心配しているんです。スペインなどは、かつてイスラーム教徒のムーア人に支配されていて、それをコロンブスがアメリカ大陸を発見した一四九二年に追い出したという過去がありますから、「再征服」されるのではないかと、それを恐れている。

もちろん、移民反対や移民制限という主張もあるわけですが、一度受け入れてしまうと、その流れをストップするのは難しいんですね。移民が担っている労働を、ヨーロッパ人自身が再び担うという方向には行きませんから。

そう考えると、将来的にヨーロッパの宗教地図は、これからもイスラームの勢力が拡大し続けるなら、かなり遠い先かもしれませんが、イスラームがキリスト教を数の面で凌《しの》ぐことも考えられます。一部の地域に限って考えれば、すでにそうした事態が起こっているわけですから。となると、イスラームはまさに世界宗教として、広範な地域の動向に根本的な影響を与える存在になっていく可能性があります。

中田　数も実際増えています。私が一五年ほど前に書いた本では、イスラーム教徒は一二億人と書きましたが、現在は一六億人になっています。わずか一五年ほどの間で、四億人も増えているのです。国別に見ると、信者数が最も多いのはインドネシアです。次がインド、パキスタン、バングラデシュ、ナイジェリアと続きます。意外に思われるかもしれませんが、六番目にようやくアラブ世界の一国であるエジプトが出てきます。イスラーム教徒はアジアやアフリカの方が多いのです（「ＭＹ　ＬＩＢＲＡＲＹ」前田高行 http://members3.jcom.home.ne.jp/3632asdm/）。

島田　そうした人口という点から見ても、イスラーム教徒の存在感は高まる一方です。にもかかわらず、日本人にとってイスラームはまだまだ身近になっていません。周囲にイスラーム教徒はほとんどいませんし、テレビやインターネットの報道を通してしかイスラームというものを理解する機会がない。そういう状況のなかで、九・一一の同時多発テロやイスラーム国（ＩＳ）の事件のようにかなり特異なことが起こると、そのときだけはメディアが盛んに報道します。となると、イスラームという宗教は相当に危険で暴力的で、怖い存在だというイメージがふくらんで、それが一人歩きしてしまうわけです。

もちろん、多くのイスラームの人はそういったテロやイスラーム国（ＩＳ）とはまったく関係がない。それなのに「イスラーム＝怖い」というイメージが増殖してしまっている

主な国別ムスリム人口(2012年、推計)

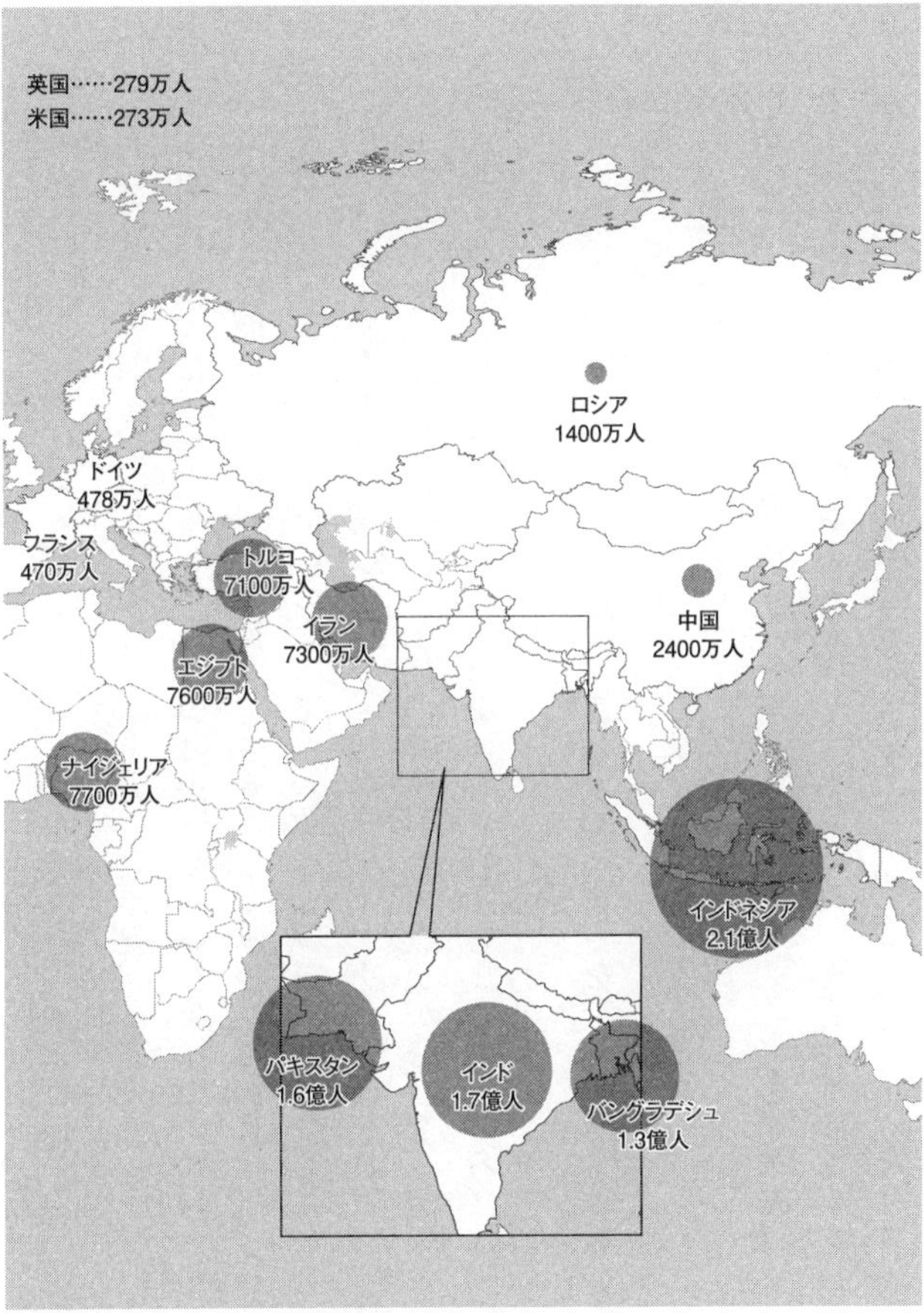

参考資料:「マイライブラリー」前田高行
http://members3.jcom.home.ne.jp/3632asdm/0282WorldMuslimPopulation.pdf／
Pew Research Center(PEW)
http://www.pewforum.org/2012/12/18/global-religious-landscape-muslim/

という現状があります。

これは日本の教育にも問題がありますね。西洋史、東洋史、日本史という歴史学の分け方がありますが、日本人に最も欠落しているのは中国を除いた東洋史の知識です。インドの歴史やイスラームの歴史は、世界史の授業でさらりと学ぶ程度だから、高校を卒業するとほとんど忘れてしまいます。社会人になってから改めて学び直す機会もないし、それを教えられるイスラーム研究者も非常に少ない。だから、イスラームは一日五回礼拝をするとか、断食をするとか、豚肉を食べないとか、断片的な知識しか持つことができずに、イスラームの実態もわからなければ、その本質を理解するなどというところには到底到達できません。

そこで、この章では、イスラーム教に関する基本的なことを、イスラーム教徒でもある中田さんに解説してもらいたいと思います。

まず、彼らが何を信じているのかというところから、うかがっていくのがよいでしょう。日本人のなかには、「イスラームの人たちは、ユダヤ教やキリスト教の神とはまったく別の、アッラーというイスラーム特有の神を信じているのだ」と思っている人もいるかもしれませんが、このとらえ方は不正確ですね。ユダヤ教の「ヤハウェ」、キリスト教の「父なる神」、イスラーム教の「アッラー」は、みなどれも同じ一つの神です。これらの三つの宗教は、みな同じ唯一神を崇拝しています。つまり、ユダヤ教、キリスト教、そしてイスラーム教は、たんに多神教と対比される一神教であるということにとどまらず、神を共通にしているわけですから、そこにはかなり密接な関係があるわけですね。ただ、そのときに日本人は、ユダヤ教からキリスト教が生まれ、さらにこの二つの宗教の影響を受けながら、イスラーム教が成立したととらえます。

　しかし、イスラーム教徒の中田さんからすると、イスラーム教とユダヤ教、キリスト教の関係というものは、日本人がとらえている一般的な説明とはかなり違うものだということになると思うのですが、どうでしょうか。

中田　そうですね。まず成り立ちからして、一般的な説明とは違った解釈をしています。イスラームでは、最初にユダヤ教があり、次にキリスト教、最後にイスラームが生まれるというふうに理解はしません。イスラームの立場からすると、モーセもイエスもイスラームの預言者の一人であると考えます。

　したがって、預言者ムハンマド（五七〇頃～六三二）に法を託した神は、ユダヤ教のモーセに十戒を授けた神であり、キリスト教のイエスに新しい契約を託した神と同じ神です。

だから本当の意味では、ユダヤ教もキリスト教もイスラームだったと理解するんです。

実際に、アラブのユダヤ教徒、キリスト教徒が読んでいるアラビア語の聖書ではＧｏｄは「アッラー」と訳されています。

島田　だとすると「イスラームはムハンマドがつくった」、あるいは「ムハンマドはイスラームの開祖である」という言い方もおかしいわけですね。実際には、ムハンマドが現れる以前から、イスラーム教は存在していたという理解でいいですか。

中田　そうです。地上に預言者が遣わされたときからイスラーム教はずっと存在していました。たとえば、預言者ムハンマドが天啓により授かった神の言葉であるクルアーンには、禁断の木の実を食べてしまったアダムと妻の物語やノアの方舟の話などが出てきます。さらにノアの子孫のアブラハムも登場する。これらアダム、ノア、アブラハムたちもすべて、唯一神アッラーへの帰依《きえ》を説いた預言者だという理解です。

島田　そうなると、ムハンマドの位置づけはどうなりますか？

中田　ムハンマドは「最後の預言者」です。

島田　ムハンマドは人間ですよね。だとすると、「最後の預言者」とされるムハンマドは、他のそれまでの預言者とどこが違っているのでしょうか。

中田　モーセやイエスなど、それまでの預言者たちは、当時のユダヤ人たちの状況に応じた形で神の法を説いていたのだと考えます。その意味で、二人は「民族的預言者」なのです。

それに対してムハンマドは、初めて「人類全体に遣わされた預言者」であり、彼の後には預言者は決して現れてはいけないとクルアーンにも書かれています。

島田　だとすると、イスラーム教から見て、ユダヤ教やキリスト教はどう理解されるのでしょうか？

中田　どちらの宗教も、後世の人間が創り上げたものだと考えられています。ユダヤ教の場合はモーセの律法を、キリスト教の場合はイエスの福音を、後の世代の信者たちがそれぞれ自分たちの流儀で解釈することで創り上げたものです。

ですから、ユダヤ教もキリスト教も、神の教えではなく人間の創作にすぎないわけですが、預言者が神から授かった啓示に基づいている宗教である点は共通しているので、イスラームではユダヤ教徒やキリスト教徒を「啓典《けいてん》の民《たみ》」と呼んでいるのです。

島田　いくら啓典の民と言われても、ユダヤ教やキリスト教の側からすると、イスラーム教は自分たちを否定していると受け取られると思いますが、そこに対立の根のようなものはないのでしょうか？

中田　そのとおりです。ユダヤ教やキリスト教側がイスラームの批判を認めていれば、アブラハムの宗教はイスラームに帰一し対立はなくなっていたわけですが、歴史はそのようにはなりませんでした。

預言者ムハンマド

島田　「最後の預言者」とされるムハンマドが、最初に神のメッセージを受け取ったのは、およそ六一〇年頃のことですね。これは、聖徳太子が活躍していた時代にあたりますから、そう考えてみると、イスラーム教の歴史がどういったところから始まるのか、イメージが湧くと思います。そして、ムハンマドが山に籠《こも》って瞑想をしているときに、天使ジブリール、キリスト教的にはガブリエルが現れて、いきなり「読め」と命令される。

中田　ムハンマドが「読め」「読めません」というと、天使は彼をつかんで覆いかぶさって、また「読め」という。「読め」「読めません」を三回繰り返した後に、天使は「読め、創造をなされた主《しゅ》の御名《みな》において読め。凝血《ぎょうけつ》から人間を創造されたお方。読め、汝《なんじ》の主はもっとも尊いお方。筆《ふで》とる術《すべ》を教えられたお方。人間にその知らぬことを教えられた」（クルアー

ン 第96章1－5節）という。

島田　この言葉は、アラビア語ですよね？

中田　そうです。

島田　先ほど「ムハンマドは人類全体に遣わされた」という説明がありましたが、だとすると、なぜムハンマドが神から語りかけられる言葉はアラビア語なのでしょうか。アラビア語は人類全体が使っている言葉ではないですよね。

中田　それはムハンマドがアラブ人だったからです。イスラームは聖書のバベルの塔の物語は受け入れていませんが、事実としては、全人類の共通語は存在しないため、ムハンマドの母語であるアラビア語になったということです。神学的には、アラビア語こそ天国の言葉である、という議論もありますが、定説にはなっていません。いずれにせよ、クルアーンがアラビア語であっても、そのメッセージの内容は翻訳可能です。アラビア語を学ぶ義務というのは、イスラーム法にはないので、翻訳で内容を伝えることはできると考えるのです。

島田　でも、クルアーンを翻訳すること自体、なにがしかの解釈を必要とするわけじゃないですか。本来的には、アラビア語で語られた神の言葉は、それ以外の言語に移すことはできないわけですよね。

中田　そのとおりですが、そもそもクルアーンにかぎらず、どんな言葉であっても、完璧な翻訳はできませんよね。その意味で、クルアーンをそっくりそのまま移せないことは特別な話ではないと思います。

たとえば、クルアーンの奇跡性といった場合、内容の真理性、整合性だけでなく、リズミカルで覚えやすいとか、韻《いん》を踏んでいるとか、音声的な特性も含むんですね。その次元になると、翻訳できないのは当たり前ですが、それは内容の普遍性とは関係がありません。一日五回礼拝するといったレベルの内容は、別にアラビア語でなくても伝えられることです。

島田　クルアーンには音楽的な側面があるわけですよね。詩的に優れていて、たしかにアラビア語のわからない僕のような人間でも、クルアーンを朗誦《ろうしょう》しているのを聞くと、音楽的なものを感じます。そういう詩としてのクルアーンの奇跡性ということをもう少し説明してもらえますか。

中田　わかりました。クルアーンの内容というのは、ユダヤ教やキリスト教の聖書と違って、奇跡的な物語がほとんどないんです。これは、心のかたくなな不信仰者は、たとえ明白な奇跡を見せつけられても、決してイスラームの教えを受け入れないと考えられているからです。

島田　奇跡に接することによって人は信仰を持つわけではないと？

中田　そうです。預言者の起こす奇跡をアラビア語では「ムウジザ」と呼びます。「ムウジザ」は文字どおりには「相手を無力にするもの」を意味します。つまりその預言者の業《わざ》が、人力のおよばない神の御業に他ならないと認めざるを得なくさせるもの、ということです。

モーセの時代のエジプト文明は魔術にすぐれ、それを誇っていたので、モーセは預言者の徴《しるし》として、人の業を超えた方術の奇跡を授かりました。イエスの時代は、すぐれた医術を誇っていたので、イエスは預言者の徴として、どんな難病も治してしまう医術の力を授かった。

ムハンマドの時代のアラブは、詩を尊び詩才を誇っていたので、ムハンマドはいかなる詩人にもまねできないクルアーンを預言者の証として授けられたわけです。そしてアラブ文学史上、今日にいたるまで、クルアーンに匹敵する完璧なアラビア語の作品は一つも現れていません。ムスリムがクルアーンを永遠の奇跡と呼ぶのはそのためなんです。

クルアーンと聖書との違い

島田　中田さんはご自身が監修されている『日亜対訳　クルアーン』の解説で、クルアーンは、ユダヤ教、キリスト教の聖書とは根本的な違いがあると書かれています。具体的には、クルアーンは神がムハンマドに直接的に語りかけてきた言葉であるところに違いがあるということですね。

中田　そのとおりです。クルアーンが聖書と違うのは、聖書記者のような編集者がいないということです。クルアーンは、天地創造に先立ち、天の書板に書き記された一冊の「書物」です。啓示を司る天使ジブリール（ガブリエル）は、それを二三年間に分けて段階的にムハンマドに伝えていった。そして、ムハンマドの逝去《せいきょ》の直前に、最後の章句が伝えられ、ジブリールの指示によって現在ある形のとおり、一冊の書物にまとめられたものです。つまり、クルアーンにある言葉は直接的には預言者ムハンマド自身が発した言葉であるわけです。

島田　その点が、新約聖書や仏典と違うところですね。

たとえば、新約聖書に入っているパウロの書簡を見ると、福音書で語られているようなイエスの言動について、全く紹介されていません。ただ、最後の晩餐があって、十字架に

日亜対訳クルアーン
［付］訳解と正統十読誦注解

中田考【監修】
中田香織／下村佳州紀 訳
「正統十読誦注解」訳著 松山洋平
責任編集 黎明イスラーム学術・文化振興会（作品社）

スンナ派イスラームの正統的な解釈と、アラビア語文法の厳密な分析に基づいて翻訳されている。正統十伝承の異伝を全て訳したのは世界初

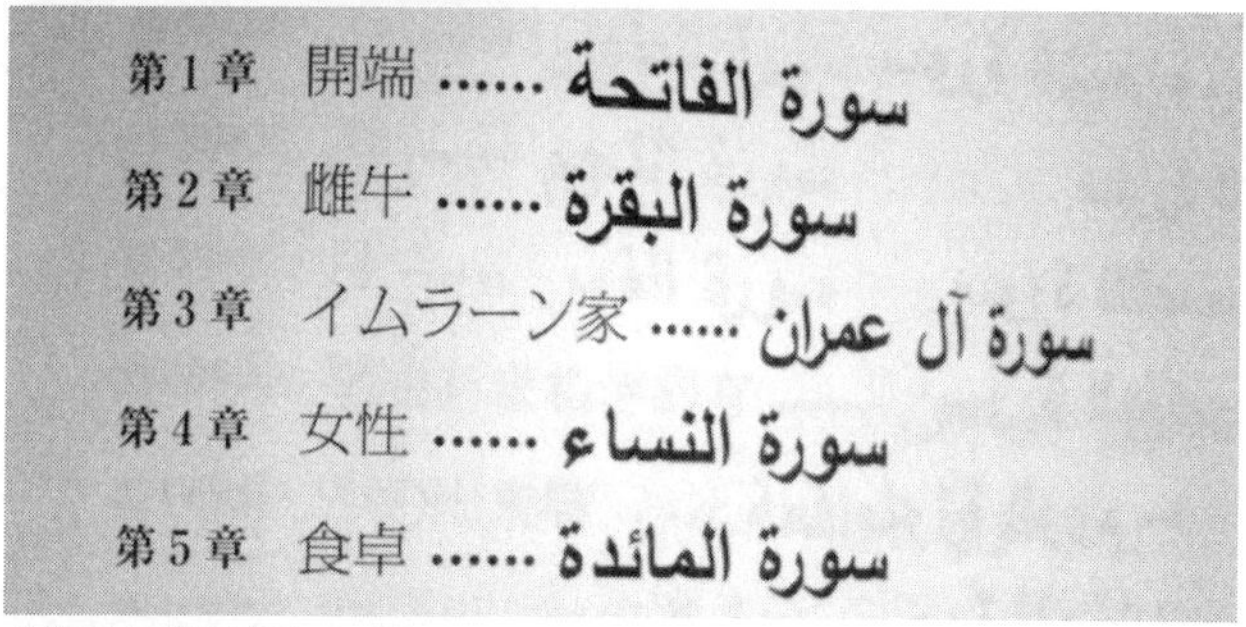

第1章	開端	سورة الفاتحة
第2章	雌牛	سورة البقرة
第3章	イムラーン家	سورة آل عمران
第4章	女性	سورة النساء
第5章	食卓	سورة المائدة

全部で114章からなる

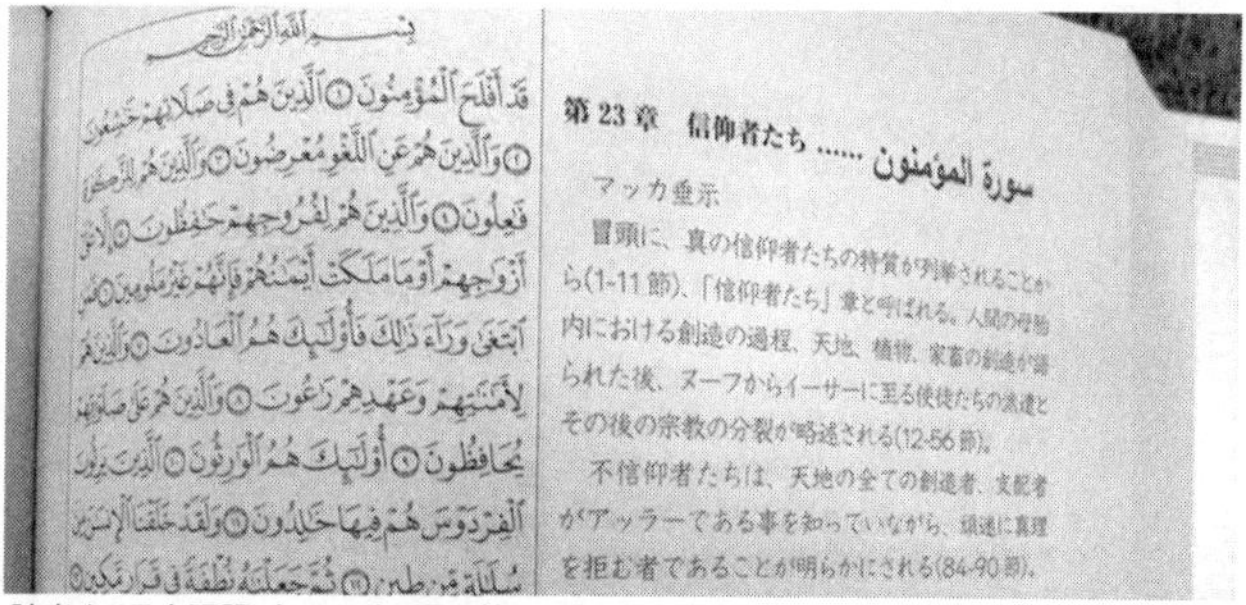

第 23 章　信仰者たち …… سورة المؤمنون

冒頭に、真の信仰者たちの特質が列挙されることから(1-11節)、「信仰者たち」章と呼ばれる。人間の母胎内における創造の過程、天地、植物、家畜の創造が語られた後、ヌーフからイーサーに至る使徒たちの派遣とその後の宗教の分裂が略述される(12-56節)。
不信仰者たちは、天地の全ての創造者、支配者がアッラーである事を知っていながら、頑迷に真理を拒む者であることが明らかにされる(84-90節)。

該当する日本語訳が、アラビア語に付されている

かけられて殺されたイエスが復活したと述べられているだけです。パウロの書簡を読んだかぎりでは、イエスが具体的に何をし、何を説いたのか、よくわからない。というのも、パウロは直接イエスには会っていないからだということにもなります。

でもイエスの死後、いちばん最初に書かれているのはパウロの書簡で、福音書はその後にできるわけです。そうすると、イエスが亡くなった直後の段階では、キリスト教を異教徒に広めることに多大な功績があったパウロでさえ、イエスの言動についてほとんど知らなかったわけで、そこには二つの可能性があります。

一つは、そうした伝承はあったけれど、パウロはそれに接していなかったというもので、その伝承が福音書にまとめられたのだと考えるものです。

もう一つは、これは重大なことにもなってきますが、パウロが活動していた段階では、イエスの言動についての伝承がそもそも存在していなかった。それは、何人もいた福音書作者が後になって創作したもの、極端に言えば、捏造《ねつぞう》したものである、そういうことも考えられます。

もちろん、これについては証明のしようもないのですが、パウロの書簡のなかに、ほとんどイエスの言動が出てこないということはかなり気になるところです。

新約聖書は、福音書のあとに、使徒行伝《しとぎょうでん》があり、その後にパウロの書簡がくるという形をとっているので、今挙げたような疑問を読む者は感じないのですが、文書の成立年代の順に並べ直して、パウロの書簡、福音書、使徒行伝という順番で考えると、福音書に書かれていることが実際にあったことなのかどうか、疑問に感じられてきます。

そもそも、イエスについては同時代の資料がないので、その生涯については全面的に福音書に頼らざるを得ないのですが、パウロが述べているように、復活したイエスに対する信仰がまず先にあった、その後、救世主にふさわしい言行が創作されていったとも考えられるのです。その点で、キリスト教の成立には曖昧さが残ります。

一方、仏教の場合には、仏典に釈迦《しゃか》の教えが直接書かれているわけではありません。原始仏教に属するパーリ語仏典のなかで、一番古いとされるのが、『スッタニパータ』の第4章と第5章の一部で、仏教学の研究者はそこに釈迦が語ったと思われるのに近い言葉があるととらえています。ただ、それを読んでみても、はっきりとした教えなり、原理が確立され、それにもとづいて言葉が発せられているという印象は受けません。悟りを開いた一人の人物が、その体験にもとづいて語っているという確信をもつことが案外難しいものになっています。

なにしろ、釈迦が活動した時代は、紀元前五世紀、あるいは六世紀とも言われ、相当に古いわけで、さらには、インドでは歴史を記述するということに関心がむけられなかったため、そうした仏典以外には、歴史的な存在としての釈迦の姿を示してくれるものがありません。

そうしたキリスト教以上に、仏教の始まりは不確かです。

キリスト教や仏教と比較するならば、クルアーンの場合は、その成立については非常にすっきりしていますよね。

中田　ええ、曖昧な部分はありません。もう少し詳しく言うと、ムハンマドは文盲だったので、彼の啓示は人々に声を出して読み聞かされ、それを人々が復唱し暗唱していった。だから、当初は口承《こうしょう》によって伝えられていたわけです。

ところが、ムハンマドが亡くなった後に、預言者でもないアブー・バクル（カリフ在位六三二〜六三四）に服従する義務はないと考える一部の部族がイスラームから離反し、背教者戦争が起きたために、クルアーン暗唱者たちの多くが戦死してしまった。そこで、クルアーンの伝承にノイズが生じるのを恐れた第三代カリフ、ウスマーン（カリフ在位六四四〜六五六）の治世中にクルアーンの編集が行われて、文字によって書き留められた現在のクルアーンの原本が成立したんです。

世界最古のコーラン

英で発見、568～645年に書き写し

22日、英中部バーミンガム大の図書館で発見された世界最古のコーラン写本（ロイター）

【ロンドン＝内藤泰朗】英中部のバーミンガム大は22日、世界で最も古いイスラム教の聖典コーランの写本が同大図書館の保管庫から発見されたと発表した。

見つかったのは、2枚の羊皮紙に古いアラビア語で書かれたコーランの一部の章。同大の研究者が、図書館の新しい年代の史料の中に古い羊皮紙が紛れ込んでいるのを見つけ、炭素の放射性同位体を使った年代測定を行ったところ、95％以上の確率で、568～645年に書かれたものであることが判明した。

イスラム教の預言者ムハンマドが生きていたのは570～632年ごろとされる。預言者と面識がある人物が書き写した可能性もあるという。また、コーランは第3代カリフ（預言者の後継者）ウスマーンの命令で650年ごろ初めて1冊の本として編纂されたと伝えられており、それより古い写本となる。

この写本は1920年代に英国の実業家がイラク生まれのイスラム教司祭を中東に派遣し、収集した史料の一つ。同大は今年10月22日から一般公開する予定。

世界最古とされるクルアーン写本の断片が発見されたことを伝える記事。
「2枚の羊皮紙に古いアラビア語で書かれたコーランの一部の章」が見つかったという
2015年7月23日　産経新聞

島田　それは六三二年のムハンマドの死後どのぐらい経ってからのことですか。
中田　二〇年ぐらいです。第三代カリフ、ウスマーンは、最初期に入信して、二〇年以上にわたってムハンマドに従った直弟子《じきでし》の一人です。ですから、クルアーンは、ムハンマドの死後まもなく、多くの直弟子たちが生存している間に、自らも高弟であったカリフの欽《きん》定《てい》クルアーン結集という国家事業として原本がつくられたんですね。これは歴史学的に確証されていることで、西欧の研究者も含めて誰一人疑わない事実です。
　ここは、教祖の死後、数百年を経ても決定的なテキストが存在しなかった新約聖書や仏典と大きく異なる点です。
島田　最近のことですが、イギリスのバーミンガム大学で、世界最古とされるクルアーンが発見されたというニュースが飛び込んできました。炭素の放射性同位体を使った年代測定によるもので、それによれば、ムハンマドがまだ生きていた時代にできた可能性も考えられるようです。この発見についてはどのようにお考えでしょうか。また、これが事実として、その意義はどこにあるのでしょうか。
中田　第三代カリフ、ウスマーンのクルアーンによる結集以前、預言者ムハンマドの生前から、クルアーンの断片が羊皮紙やラクダの骨などに書き留められていた、と伝えられていますが、今回の発見はその伝承を裏付けるものです。ウスマーンによる結集以前のクルアーンの姿を知る手がかりとして非常に興味深いですね。

ハディースとは何か

島田　キリスト教におけるイエスと、イスラーム教におけるムハンマドを比べると、大きく違う点は、正統的な教義では、イエスには人と神の両方の性質が備わっているという点です。これは、三二五年に開かれたニケーア公会議で定められたことで、それまではイエスをあくまで人間としてとらえる考え方もあったわけですが、これによって、そうした教えは異端とされ、イエスは人であると同時に神であるという教義が確立されます。ですから、キリスト教のなかでは、神としてのイエスの生涯というものは、神の地上における軌跡ですから、極めて重要な意味を持つんですね。

それに対して、ムハンマドはあくまで人間ですね。預言者ではあっても、決して神ではない。だから、ムハンマドの人生の歩みそのものは、教義に直接かかわるわけじゃありません。しかしアッラーに服従するムハンマドの言行は、クルアーンに次いで重要な教えになっていきます。その言行を記録したのがハディースですね。イスラーム教徒は、衣食住から政治的なことまで、この世のすべてにわたってクルアーンとハディースを参照しながら生きていると言います。このムハンマドの言行をまとめたハディースの方はどのように成立しているんですか。

中田　そもそも「これが『ハディース』である」というような一冊の本があるわけではないんです。ハディースというのは、弟子たちが伝えた預言者ムハンマドの折々の言行を、後の世になって集成者たちがまとめたものなので、集成者によって、収録している範囲は異なっています。

つまり、ムハンマドが何かを話しても、そのどこを切り取るかは弟子次第です。その切り取り方はまちまちになりますから、無数のハディースがあり得るわけです。ですからクルアーンもハディースも、イスラームの聖典と呼ばれますが、成立の仕方や書物としての性格はまったく違うのです。

島田　では、無数にある中で、正しいハディースというものは決まっていないのでしょうか？

中田　イスラームにはそれを決める公的な機関はありません。ただ、最も権威があるとされているハディースはあります。たとえば、スンナ派だと『サヒーフ・アル＝ブハーリー』が最も信憑《しんぴょう》性が高い正しい「ハディース集」だと認められています。ですが、現代でもそれに異を唱える人はいます。ただ、権威を支えるのは、あくまでも学問的な吟味なので、多くの学者の意見が一致していれば、正しいだろうと考えられるわけです。

イスラーム法の役割

島田　なるほど。それでクルアーンと無数のハディースをもとにして、そこから抽出された規範体系をまとめたものが、「イスラーム法（シャリーア）」になるわけですね。このイスラーム法に、ムスリムが日々の暮らしのなかでどういった生き方をしていくかが示されている。

中田　そうです。たとえば一日五回の礼拝、飲酒しない、豚肉を食べないという行動規範は、すべてシャリーアに従うということですが、これは要するに、神から命じられたことをするということです。

イスラームは、個人と神との関係からなる宗教なので、神から命じられているかどうかだけがあらゆる行動の基準となります。たとえば「泥棒をした人間は手首を切り落とせ」ということは、クルアーンにはっきり書いてあるから、イスラーム法でも決まっていて、そのとおり実践するわけです。

島田　現在の人間の感覚では、泥棒の手首を切るというのは、残虐であるというふうに受け取られると思いますが、それはあくまでイスラーム法として定められているから、残虐であろうとなかろうと、それを実行するということですか。現実に、イスラーム教が広まった国で、そうしたことが法律的に認められているものなのでしょうか。

中田　手首切断は、ムハンマドの時代でも過酷でした。なんとか刑を免じようとした弟子たちに対して、彼は「盗んだのが我が娘ファーティマであっても、私はその手を切断した」と述べて、処刑を断行しています。麻酔などの医療技術が発達し痛みも危険もほとんどなく外科手術ができるようになった現代より、ムハンマドの時代の方がよほど残酷でした。

先日二〇一五年八月八日に亡くなったワフバ・ズハイリー博士は、イスラーム世界で現代最もよく読まれているその著『イスラーム法とその典拠』の中で、「イスラーム法定刑（フドゥード）のような（窃盗の手首刑など）法規定の一つでも残酷であると弁じたり、（現代においては）シャリーアが施行できないと主張したりすれば、それは不信仰、背教とみなされる」と述べています。（1997年版1巻41頁）

島田　これは、イスラームにおいてそれだけ神の命令が絶対とされているということで、その信仰を持たない人間にはなかなか理解が及ばないところでもありますね。ところで、クルアーンやハディースに書かれていない場合は、どうなりますか。

中田　たとえば、女性がヒジャーブ（ヴェール）を着けなければいけないかどうかというレベルになると、クルアーンには書いてありませんから、他の文献を読む必要があるんです。あるいは、飲酒にしても、クルアーンの中で厳禁している記述もあれば、あまりよくないものだという程度の記述もあるので、イスラーム諸学の万巻の書を読んで解釈するわけです。

島田　その解釈をするのが、ウラマー、つまりはイスラーム学者、あるいはフカハー、イスラーム法学者になるわけですね。

中田　はい。啓示宗教の場合、神とのコミュニケーションは預言者を通じてしかあり得ません。そしてイスラームでは、最後の預言者ムハンマド以降、預言者はいない。預言者の時代であれば、何が神の命令なのかということは、預言者に聞けばよかったのですが、それからあとは、預言者はどう言ったかということを調べていくしかないんですね。

島田　その場合の学者という言葉なんですが、イスラーム世界における学者のあり方は、私たち日本人が学者という言葉からイメージするものとはかなり違っているような気がします。日本では、学者というと、大学の先生であるとか、専門家であるとか、そういうイメージでとらえられているわけですが、イスラームではどうなんでしょう。

中田 日本人のイメージだと、学者と言うよりも、「学僧」ですね。日本の仏教の僧侶よりも、人格においても学識においてもはるかに尊敬されていますが。

スンナ派とシーア派

島田 では続いて、イスラーム教の基本ということで、スンナ派とシーア派についてお聞きします。まず、ここで言われる「派」ということなのですが、日本では、仏教に宗派がありますね。天台宗とか浄土宗とか、浄土真宗とか。そうしたものが宗派で、宗派は教団を組織して、そのなかには、本山《ほんざん》と末寺《まつじ》があり、それぞれの寺に属する檀家《だんか》がいるという、そういう関係になっています。

あるいは、キリスト教の場合にも、プロテスタントになると、やはりさまざまな派に分かれていています。ただ、日本仏教の宗派とは違って、宗祖にあたる存在はいませんし、派同士で教義が違うというわけでもない。むしろ、階層や人種、歴史的な経緯などで派が形成されています。

そうした仏教やキリスト教と比較したとき、イスラームにおける派というものは、どういうものなのか。学派としてとらえるべきだという考え方もあるようですが、そのあたりのことを教えてください。

中田　人数、規模の問題ではありません。メンバーシップがあるような集団ではないのでキリスト教や仏教の宗派、分派からの類推で考えるのは誤解の元です。その意味で、思想の自由な一致によってゆるやかに結びついている「学派」の方が実態に近いかもしれません。

島田　イスラームにおける派がどういうものかわかりましたが、では、そもそもスンナ派とシーア派が分裂する歴史的な経緯を説明してもらえますか。

中田　簡単に言うと、預言者ムハンマドが七世紀に亡くなった後、ウンマ（イスラーム共同体）は、指導権をめぐって分裂するんです。

最初期にムハンマドが教えを伝授したのは、家族や親友などごく親しい人たちだけでしたが、そのなかで指導権争いが起きるわけですね。

ムハンマドの高弟たちは、ムハンマドの親友アブー・バクルをカリフに選びました。カリフというのは、預言者ムハンマドの後継者たるイマーム（導師）であり、イスラームの政治の最高権威者です。

しかしそれに不満を持つ人たちは、ムハンマドの従兄弟で娘婿でもあったアリー（カリフ在位六五六〜六六一）こそ、真の後継者と思っている。ここに分裂の芽が生じるんですね。

結局アリーは第四代カリフになるのですが、アリーのカリフ位を認めず、後のウマイヤ朝の始祖となるムアーウィヤが、反旗を翻します。時を同じくして、非常に厳格主義的な「ハワリージュ派」という分派が生まれる。このハワリージュ派が、アリーのムアーウィヤに対する態度が生温《なまぬる》すぎる、とアリーを暗殺してしまうのです。結局、アリーの死後にウンマをまとめあげてカリフになったのはムアーウィヤです。

この四代目アリーの前までのカリフと、その後ムアーウィヤが開いたウマイヤ朝以降のカリフを認めるのがスンナ派です。それに対して、「アリーこそがイスラームの教えを誤りなく伝える無謬《むびゅう》のイマームであった」と考えるシーア派が生まれます。つまりシーア派では、イマームは、アッラーから「無謬の存在」として、預言者ムハンマドの後継者に選ばれた者と考えられている。一方、スンナ派のカリフは世俗的な指導者です。イマームの無謬性と絶対的権威を認めていないスンナ派は、シーア派から見るとムスリムではない。そこに二つの派の根深い対立があります。

島田　その場合に、なぜアリーは無謬だと言えるのでしょうか。そこになんらかの根拠はあるのでしょうか？

中田　彼らが真正と考えるハディースにそう書かれているからです。

島田　やはりそこでも預言者ムハンマドの言葉が根拠になるわけですね。それで、ハワリージュ派というのは、現在も残っているんですか。

中田　いえ、初期に消滅しました。ですからスンナ派とシーア派が、イスラームの二大宗派になり、それが今日まで続いているのです。おおざっぱにまとめると、アリーとその子孫だけをムハンマドの真の後継者と認めるのがシーア派で、代々のカリフを認めるのがスンナ派です。

シーア派に変わると具体的に何が変わるのか

島田　シーア派が、アリーとその子孫しかムハンマドの後継者と認めないということは、彼らはアリーの前の三人のカリフも認めないということですね。

中田　そうです。感情レベルだと、スンナ派はそこが一番、シーア派に対して大きな抵抗を持つところですね。それからシーア派は、預言者ムハンマドの三番目の奥さんのアイーシャを呪うんですね。

島田　これは、かなり物騒な話ではないですか。スンナ派のハディースでは、アイーシャはすごく尊敬されていると思うのですが、なぜ、シーア派は彼女を呪うのですか？

中田　アリーが四代目のカリフになったとき、アイーシャは他の弟子と一緒になってそれに反対して、内乱に発展していくんです。

島田　アリーとアイーシャは敵同士になったわけですか。だからシーア派はアリーの敵のアイーシャを呪うようになったと。

中田　そうです。しかしアリー自身は、最後はアイーシャを許しています。アイーシャはそのまま天寿を全うして、預言者の妻として尊敬されています。だから、われわれスンナ派から見ると、シーア派がアイーシャを呪うというのはとんでもない話なのです。そういうことまで踏まえると、スンナ派とシーア派では、意識は大きく変わるんですね。

島田　意識が変わるのはわかりましたが、具体的に変わることは何なのですか。たとえば、非イスラーム教徒から見て、両者は区別がつくのでしょうか。

中田　おそらくわからないと思います。外から目に見える部分でいえば、両者の違いはないに等しいんです。たとえば礼拝の仕方を見ても、ほとんど気づかないぐらいの違いしかありません。

イスラーム教徒でも、その人を見ただけではどちらの宗派かわかりません。モスクはデザインが違うのでわかりますが、道を歩いているイスラーム教徒がどちらなのかは、少なくとも私にはわからない。

島田　となると、具体的に違うものはあまりない？

中田　たとえば、モスクから流れる礼拝の呼びかけの言葉（アザーン）の文句が少し違ったりするんです。あとは、お金の面でも違います。シーア派は五分の一税といって、経費を引いた収入の五分の一を、ウラマー（イスラーム学者）に納めなければいけません。それに対してスンナ派は、義務として課されるのは、おおざっぱに言えば資産の二・五％になる浄財（ザカー）だけです。

シーア派が勢力を拡大している背景

島田　現在のスンナ派とシーア派の力関係についてもうかがいたいのですが、まず、スンナ派がイスラーム全体の八割を占めると言われるなかで、シーア派が強い国はどこですか。

中田　いまだとイランは九割五分ぐらいがシーア派です。イラクは六割がシーア派、バーレーンが八割ぐらいです。あとレバノンではキリスト教徒、イスラームのスンナ派、シーア派が数的には拮抗《きっこう》しています。シーア派のなかでも誰を最後のイマーム（導師）にするかで争いが起こり、いくつか分派があったのですが、現在のシーア派はほとんど十二イマーム派です。

十二イマーム派というのは、「初代のアリーからムハンマドの子孫によってイマームが継承された。そして九世紀の終わり頃、十二代目イマームが地上から姿を消して霊的な次元に隠れ、いまもその状態が続いている」と考えています。この隠れたイマームが、いわゆる最後の審判の前に再臨すると考えるのが十二イマーム派の信仰です。

島田　いまも割合としては、スンナ派が圧倒的に多数派だし、歴史的に見てもそうですよね。そうした両者の力関係に変化はあるんですか。

中田　大いにあります。現在はシーア派がとにかく勢力を拡大しているんです。今スンナ派イスラーム世界全体で、シーア派の脅威に対する警戒感がすごく高まっています。しかもこの五、六年で急速に強まっている印象があります。

島田　私たちは、イスラームと言うと、スンナ派とシーア派を区別しないで一括して考えてしまいますが、現在の状況では、とくにシーア派が大きな問題を投げかけているということですね。それで、シーア派の歴史としては、まず、一五〇一年にイランでサファヴィー朝が成立します。このサファヴィー朝がシーア派を国教に定めた。どういう経緯で、サファヴィー朝はシーア派の国教化を決めたのでしょうか？

中田　もともとサファヴィー朝を建国した国王は、深い思慮もなくシーア派を国教にしたのです。はっきり言って、スンナ派とシーア派の違いもよくわかっていなくて、「昔アリーという偉い人がいたらしい」ぐらいの知識だった。

島田　ずいぶんいい加減な話ですね（笑）。

中田　だから、適当な形でシーア派の王朝ができてしまった。でもシーア派を国教に定めた国王がシーア派の教義を民衆に教えるためにシーア派のウラマー（イスラーム学者）をイランに招聘《しょうへい》したため、少しずつウラマーたちが、自分たちの権限を拡大していきました。イラン・イスラーム革命以前にイランではウラマーがイマームの代理人であり一般信徒はウラマーに従わなければならない、という理論が確立していました。それがイラン・イスラーム革命を指導したホメイニ師（一九〇二〜一九八九）の力につながっていくわけです。

島田　戦後のイランは、親米のパーレビー国王のもとで近代化政策を推し進めていきました。その結果、経済は成長したけれど、貧富の差は広がり、支配層も腐敗して、国民に不満が高まっていくわけですね。

そこで一九七九年に起きたのが、シーア派指導者ホメイニ師によるイラン・イスラーム革命です。全国的な反体制運動となって、パーレビー国王は亡命せざるを得なくなった。イランの統治システムはここで大きく変わるわけですが、具体的にはどう変わったんでしょうか。

中田　ホメイニ師は、巨大な実権を持ちます。一言で言うと、自ら攻撃を仕掛けるジハードの宣戦布告の大権以外のイマームが有する政治的な指導権は、すべてイスラーム法学者が代理として握れるようにしました。

もともとシーア派の十二イマーム派の考えというのは、隠れたイマームが再臨するまでは、イスラーム世界の権力は誰も握らないというものなのです。しかし、適当な形でサファヴィー朝ができてしまい、イスラーム法学者が政治的な権力を少しずつ握っていきました。その下地のもとで、シーア派のホメイニ師は、「イマームが再臨するまでは、学者が政治的な指導もしなければいけない」という理論をつくったのです。

こうして強いシーア派の国家が生まれたことで、スンナ派とシーア派の対立・抗争が高まりました。逆に言うと、イラン・イスラーム革命（一九七九年）以前というのは、両者は共存できていたんです。

島田　ホメイニ師は、「イスラーム法学者による統治」という考え方を打ち出して、それでイランを変えていったはずですが、制度的に、なぜホメイニ師は、そうした考え方にもとづいて政治的な権力を掌握することができたのでしょうか。それは民主的な手続きによるものではなく、かなり強権的なものだったということでしょうか。彼が権力を握る過程において、イスラーム的なものは発動していたのでしょうか。

中田　「民主的」という言葉は曖昧な上にイデオロギッシュで使いたくありませんが、ホメイニ師を支持する一〇〇万人を超す平和的なデモによってパーレビー国王を追放したわけですから、「民主的」と言っていいと思います。パーレビー国王も処刑されず無事出国していますす。ほぼ無血革命でしたから、その意味でも少なくともフランス革命やロシア革命よりは「民主的」だったと言えるでしょう。革命成就後は、革命の指導者の多くが殺される「反革命」の「テロ」が吹き荒れ、大規模な粛清が行われたのも事実ですが。

島田　それから、これは、イラン・イスラーム革命が起こった当時にイランにいた人から聞いたことですが、革命が起こる直前まで、そうしたことが起こるとは予想もできなかったと言っていました。実際、そうした状態だったんでしょうか。イラン・イスラーム革命というのは、世界を驚かせますが、イスラーム世界においても、やはりかなり唐突な出来事として受け取られたのでしょうか？

中田　日本だけでなく欧米のイラン研究者たちもシーア派イスラームの実態をほとんど理解していませんでしたからね。例外はイギリス人の改宗ムスリムのオリエンタリストでカリフォルニア大学教授だったハーミド・アルガーただ一人でした。

アメリカとの戦いで浮き彫りになったこと

島田　アメリカとは国交を断絶するなど、革命以後のイランは国際社会への態度も百八十度変わりましたね。

中田　アメリカを「大悪魔」と呼びましたからね。その後もアメリカのさまざまな反革命工作があったにもかかわらず、イラン・イスラーム革命は生き延びました。こう見ると、明らかにイランは国際社会の中で勝利しているんですね。アメリカと正面から敵対して、生き残っているだけでもすごいことなわけです。アメリカに従わないと国が滅びるようなことを日本の政治家も知識人も言ってますけど、そんなことはないという生きた実例がイランです。

島田　なるほど。日本人としては、そこらあたりのことも考えないといけないですね。それで、このイラン・イスラーム革命をきっかけとして、スンナ派とシーア派の勢力バランスが大きく変わっていくわけですね。

中田　そのとおりです。まず、レバノンでイラン・イスラーム革命の影響を受けて、イラン型のイスラーム共和国の樹立を目指す武装集団ヒズブッラーが結成されました。ヒズブッラーは、米軍、イスラエル軍との戦闘で名を上げ、レバノン政府軍も手出しできない「国家内国家」とでもいうべき存在になりました。ついでイラク戦争（二〇〇三年）後、イラクにシーア派政権ができたことで、シーア派の勢力が決定的に強まりました。続いて二〇一〇年からの「アラブの春」でシリアが内戦に陥ると、シーア派の分派の一つアラウィ派のアサド政権は、イランとレバノンのシーア派から軍事的な支援を受けます。

こうした動きに対して、サウジアラビアやヨルダンは、ものすごい危機感を持っているんですね。

さらに、アフガニスタンに対しても、シーア派の影響力は強くなっているし、これまでほとんどシーア派のコミュニティが存在しなかったエジプトやインドネシアでもシーア派が存在を主張し始め、流血の争いまで起きています。

島田　大転換が起きているという認識でいいわけですね。

中田　ほんとうに大転換なんです。結局、なぜシーア派の勢力がここまで強くなっているかというと、スンナ派の世界がまとまってないからなんです。

スンナ派のサウジアラビアの国王にせよヨルダン国王にせよ、シーア派は脅威だけれど、カリフ制を称するイスラーム国（ＩＳ）も支配の正当性を脅かす脅威なので、スンナ派をまとめようとする動きも怖い。そういうジレンマに陥ってしまっているので、どんどんスンナ派が弱体化しているのがいまのイスラーム世界です。

イスラームに「組織」はない

島田　日本人がイスラームを理解する上で、大きなハードルになっているのは、じつは、イスラームには「組織」という考え方がほとんどないということにあると思うんです。たとえば、九・一一の後、アルカーイダをどうとらえるかというときに、西欧人も日本人も、どうしてもそれを組織として考えてしまう。でも、違うわけですよね。

中田　そこがイスラームを理解する上で肝になるところです。イスラームには組織がないということがわからないと、何一つわからないんですよね。

島田　たとえばキリスト教徒だったら、必ずどこかの教会に所属しているわけです。それは、カトリックでもプロテスタントでも変わりません。仏教だって、宗派について説明したように、教団という組織があり、それぞれの寺も檀家組織になっています。でも、ムスリムは別にモスクに所属しているわけじゃないんですよね。

中田　そうなんです。こんなエピソードがあります。

私が同志社の神学部で教師をしていたときに、マレーシアの学生たちを招いて合宿のようなものを開いたことがありました。そのときに、プロテスタントの牧師をしている同志社の先生が、マレーシアの学生たちに「あなたはどんなイスラーム団体に所属しているのか？」と聞くんですよね。

彼は牧師だから、信者が教会に所属するイメージで聞いているんでしょうけど、学生たちは最後まで、何を聞かれているかを理解できなかった。

島田　とくに日本の新宗教となると、組織のイメージが内外共に強いですね。内側の人間は、自分がその教団に属していることをはっきりと認識しているし、世間もその人間が、特定の組織に属していると考えている。創価学会の会員の場合なんて、まさにそうですが、新宗教以前でも、浄土真宗になると、自分たちは「門徒」であると考えていて、そこに強い誇りを持ち、組織に所属していることをはっきりと意識しています。

中田　江戸時代の寺請《てらうけ》制度もそうなんですよね。しかし、「信者は教会に所属するものだ」という宗教観から抜け出せないと、イスラームのことはわかりません。

島田　逆に、どうして組織なしで宗教を営むことができるのかと、宗教以外でも組織が発達している日本社会に生きている人間は考えてしまう。それは、欧米の人間でも同じでしょう。社会の基盤に組織があるとさえ考えられていますから。

中田　普通にできてしまっているんですよね。何かが「ある」ことの説明はしやすいけれど、「ない」ことを説明するのは難しいですね。

モスクは誰が運営しているのか

島田　理由の説明は難しいということですが、だったら、たとえばモスクはどうやって運営されているんですか。あれも、外側からは組織であるように見えますが。

中田　モスクは基本的には寄進《きしん》なんです。それは、イスラームの相続制と関係があります。

イスラームの相続は均分相続で、兄弟で平等に分けるんですね。でも均分相続だと、一人頭の取り分が代を経るごとに細分化されるから、家がすぐ潰れてしまう。そこでどうするかというと、財産はみんな寄進してアッラーのものにします。これを「ワクフ」と言います。

たとえば、お金持ちが自分の土地に、モスクとその運営費を稼げるようなお店をセットにして寄進する。そしてその子孫を管財人にするわけです。要するに、財団みたいなものをつくって、その理事は子孫に担当させていくんです。

こういう形を取ると所有権が神に移るので、永久に維持できるわけですね。王様から財産を没収される危険もない。

島田　それは、日本の中世社会でよく見られたことですね。社寺に対して土地を寄進することで、世俗の権力が介入できないようにする。一種のアジール（聖域）になるわけですが、それは、キリスト教ヨーロッパの中世にも見られたことで、修道院に土地を寄進し、その修道院に属している騎士が土地を守る。イスラームの形態というものは、そうした中世的なアジールをいまに残しているということになるわけですね。

中田　そう、まさにアジールなんです。近代以前では、国土の半分ぐらいがモスクの寄進地になっていました。モスクだけじゃなくて、モスクの周りの門前町やお店も含めて、全部、寄進されたモスクの管理下にあるわけです。

島田　現在も同じ形で運営されているんですか。

中田　近代国家ができると、国家がみんな接収してしまうんです。いちおう宗教者が管理するという形はある程度残ってますが、基本的には国家に管理が移ってます。ただ、いずれにしても管理者がいるだけで、信者はモスクに所属するわけじゃないんですね。

島田　モスクに来る人は、だいたい近隣地域の人たちですよね。

中田　そうですね。

島田　メンバーシップは確立されていないにしても、知り合い同士はいつも来ている。

中田　とくに田舎なんかはそうですね。都市は流動性が高いですけど。

島田　モスクに集まった人たちは礼拝するときに、皆同じ所作でそれを行いますよね。

中田　すごく統一されています。たとえばマッカ（メッカ）への巡礼なんて、案内人もいないのに、二〇〇万人とか三〇〇万人が勝手に自分たちでいつどこで何をする、という巡礼の式次第を行うことでできてしまう。

島田　それは、みんなが巡礼の作法を知っているからできるということですね。

中田　ええ。作法というかイスラーム法で決まってますから、みんな知っています。

島田　そうか。それも、イスラーム法の範疇《はんちゅう》に入るわけですね。やり方が全部決まっているから、行ったらそのとおりにやればいい。

中田　そうなんですね。スペースが空いていればその場で祈るし、空いてなければ待っている。

島田　マッカ巡礼の様子を上空からの映像で見ると、すごいと思うわけです。統制がとれているということは、そこに組織的なものが介在していて、集まった巡礼を一定の方向に動かしている。そのように感じてきましたが、違うんですね。

中田　みんな勝手にやってるんです。隣にいる人が誰かも知らない。

島田　日本の能に似てますよね。能はシテやワキ、鼓《つづみ》は全部別の家の人たちで、公演を行うときだけ集まってくるわけですよ。それで稽古もなしにいきなりやって、やったらそれで終わり。一期一会なんです。なぜそれができるかというと、作法が全部決まっているからですね。

あるいは、もっと宗教に引きつけて考えれば、永平寺の修行などもそうですね。永平寺を開いた道元《どうげん》という人は、「清規《しんぎ》」という修行の方法をすべて定めて、そこには、坐禅の仕方から、食事のとり方、食事の作り方、トイレの使い方まで定められている。修行僧は、それに従って、日々の修行を実践すればいいわけですが、修行を始めたばかりの人間にはそれができないから、先輩の僧侶が厳しく指導することになる。でも、その部分を抜けば、みな道元が定めたとおりに修行を進め、生活を送っているわけで、改めて指示とか命令は必要がない。いったん、成立してしまえば、修行道場は自動機械のように動いていく。それから考えれば、イスラームにおける整然とした巡礼の風景も別に不思議ではないし、そうした法が定められているから、ここまで問題にしてきた組織というものも必要とされない。なるほど、そういうことになるわけですね。

人間同士が結ばれる関係はバイアだけ

島田　これも組織のあるなしに関係しますが、アメリカの同時多発テロ事件（二〇〇一年）で注目されたアルカーイダを評してよく言われていたのは、「ネットワーク型」だということです。でも、このネットワークというのも、わかるようでわかりません。どういうことを媒介にして、ネットワーク型の人間関係が形成されることになるのでしょうか。ネットワークという言い方があまりに現代的でもありますから。

中田　イスラームの場合、「バイア（忠誠誓約）」という忠誠を誓う儀式によって、個人と個人の間に忠誠を誓う関係が作られるんです。もちろん、「イスラーム法に従うかぎり」という条件付きの誓いですが。

島田　イスラーム法に従うかぎりで、誓った相手の命令を聞くわけですか。

中田　そうです。イスラーム法を犯さない限り、どこそこで買い物してこいと言われれば、買い物に行くと。そういう関係はバイアでつくることができる。というより、バイアでしかつくれません。

島田　そうすると、アルカーイダは、ビン・ラディン（一九五七～二〇一一）に対して忠誠を誓った人たちの集まりということでしょうか。集まりというと、どうしても組織のことが思い浮かんでしまいますが、やはりそれはネットワークっていうことなんでしょうか？

中田　ネットワークといえばネットワークですけどね。ただ、実際にビン・ラディンに忠誠を誓っている人間はごく少数でしょう。その外側になると、単なる友だちの関係で買い物に協力しているだけかもしれないし、勝手に名乗っているだけかもしれない。
　しかもアルカーイダの中核をなす指導部は秘密結社ですから、あまり連絡し合えませんしね。秘密結社というのは、一人捕まっても芋づる式にすぐ捕まらないように、お互い連絡できないようにしてるんです。昔は電話もなかったので、もう勝手にやるしかない。

島田　その勝手にやるというところが、あまり理解されていないように思います。やはり、テロリストは誰かに命令されてテロを実行していると考えられているわけです。ただ、日本でも戦前にはテロリストが実際に暗殺を実行した時代がありましたが、その代表である血盟団《けつめいだん》などは、「一人一殺」というスローガンを掲げていて、実際に、メンバーは、それぞれが個別に暗殺を実行しています。その場合も、連絡もできないまま、勝手に行動したということになりますから、アルカーイダと変わらないのかもしれません。その他に、忠誠を誓うバイアはどういう集団で見られるんですか。

中田　現在では最も広く見られるのはスーフィー（イスラーム神秘主義）教団の入団式ですね。入団者は教団の教主かその代理人と手を交わしてクルアーンの一節「汝（預言者ムハンマド）に忠誠を誓う者はただアッラーに忠誠を誓うのである。アッラーの御手は、彼らの手の上にある。破約する者は、ただ自分自身に破約するのみである。それでアッラーと協定を結んだことを全うする者は、アッラーはその者に大いなる褒賞を授けられる」（第48章10節）を読んで、教主に服従を誓います。

君主制の王国でも、君主が即位するときにはバイアを行っていますし、政治団体もそうです。そもそもイスラーム政治学では、カリフ選出もバイアによりますから。要するに、人間同士が結ばれる関係はバイアしかないんです。

島田　鎌倉幕府の御家人《ごけにん》と似てますね。鎌倉幕府の武家集団というのは、将軍や執権《しっけん》とその御家人との関係だけで成り立っていたわけです。

そもそも正確に言えば、鎌倉時代には、まだ「幕府」という概念はないんですよ。幕府という言葉が使われるようになったのは、実は江戸時代の後期になってからで、実際には鎌倉幕府など存在しないのはもちろん、室町幕府も江戸幕府も最初はなかった。幕府というと、どうしても江戸時代のイメージが強くて、江戸城が政治の中心として機能していたわけですが、鎌倉時代はまるで違いますね。

実際、鎌倉に行っても、鎌倉幕府の跡なんてないわけです。源氏の館とか北条氏の館の跡とかはありますが、それしかないんです。鎌倉が世界遺産になるのに苦労しているのはじつはそのせいで、京都御所や皇居に当たるものが鎌倉にはまったくないんですね。

歴史学者のなかには、そうした鎌倉括弧付き幕府のあり方は、暴力団と同じだと言う人たちもいます。暴力団も、組の事務所はありますが、重要なことは親分の屋敷で決められるわけで、親分に忠誠を誓った人間たちが組員になっている。イスラームにおける人間関係は、そういうものに近いということですね。

中田　そう、そういう感じです。

島田　法的な契約関係ではないんですよね。

中田　はい、西欧の法的契約でイメージされるような権利義務の条項が詳細に網羅されているような契約書を交わすわけではありません。あくまでも忠誠を誓う関係なんですね。ただし忠誠を誓うということは、もともと信頼感があるからであって、誓うほうには誓った相手が当然何かをしてくれるだろうという考えがもちろんあるわけです。一方的に命令を聞くために誓うわけではありませんから。

島田　外側から見ると、とらえどころがない人間の集まりですよね。

中田　内側から見てもとらえどころがないんですよ。

島田　そういう人間関係のつくり方だと、上下関係は生まれづらい気がします。つまり、ある人に、AさんとBさんが忠誠の誓いを立てたとすると、AさんとBさんの間には上下関係はないですよね。

中田　そうなんです。たとえば、イスラーム国（ＩＳ）には、司令官が何人もいますが、彼らに階級はないんです。だから、どのレベルの司令官なのか、さっぱりわからない。

もちろん、指導者が自分の代理人を選ぶと、その代理人にも従うことになりますから、ある程度の上下関係はできますが。

島田　それで戦えるんですか。

中田　不思議なことに戦えるんです。でも、そんなに強くない。たとえば、スパイを放っても全然役に立たないんですね。作戦があるといっても、じつはとくに何も決まってなかったりするので。

イスラームに進歩はあるか

島田　少し違う角度から、いままでの話をとらえ直してみたいのですが、中田さんが説明してくれたように、イスラームは、クルアーンとハディースを基にしたイスラーム法によって、細かい生活作法が決まっている。だから組織がなくても、イスラーム教徒であれば、一日五回礼拝し、巡礼月が来れば巡礼に行く。それから断食月が来ればみんな個々で断食をするわけです。イスラーム世界ではそれがずっと繰り返されるということですね。そうなると、人間が成長するとか、生活が進歩するという考え方は生まれづらいと思うのですが、どうなんでしょうか。

中田　同じ生活を繰り返していますから、進歩なんかしませんよね。むしろ、西洋諸国の人から見れば、基本的にはどんどん退歩しているように見えるでしょうね。

島田　歴史観として見ると、西洋的な進歩史観とはまったく逆じゃないですか。

中田　ただ、西洋の進歩史観も、近代に入ってできた新しい考え方ですよね。それまではずっと退歩で来たわけですから。黄金時代、銀の時代、青銅の時代、鉄の時代。

島田　たしかに、仏教でも末法《まっぽう》思想というものがありますね。日本では、一〇五四年に末法の世に入ったとされていますから、もうすぐ一〇〇〇年が経とうとしています。ところが、末法の時代というのはやたらに長くて、一万年続くことになっています。だから、あと九〇〇〇年は末法の世が続くという状態なんです（笑）。

　何が言いたいかというと、日本でも昔は、世の中はどんどん悪くなるという考え方が強かったということなんですね。だけど近代に入ると、技術の発展を目の当たりにして、進歩史観に変わっていく。イスラームの国々も、技術の進歩ということは起こっていると思うのですが、それでも進歩史観は全然取り入れられてないのでしょうか。

中田　そもそも進歩という概念自体がありません。イスラームで最も重要なのは、空間的にも時間的にも預言者ムハンマドとの距離なんです。だから時代的に遠ざかれば遠ざかるほど、世の中は悪くなっていくと考える。もちろん、細かく見れば、少し良くなっている時代もあるんですけど、上がり下がりしながらも、全体としては下がっていくというイメージです。

島田 そうなると、虚しくなりませんか。

中田 でも、どんどん下がって行き着く先は、最後の審判です。だから、私なんかは、ここまでひどくなったら、もうそろそろ最後の審判だと楽しみに思うくらいです。

島田 イスラームの最後の審判は、キリスト教とは違いますね。

中田 そうですね。キリスト教の場合、とくに近代の神学者は、「神の国は心のなかにある」とか言いたがりますから、最後の審判には否定的ですよね。

島田 もともとは、イエスの死後、すぐにイエスが再臨して、天国に行く人間と地獄に行く人間が選別される最後の審判が起こると考えられていましたからね。

中田 そうなんですよ。ところが最後の審判が訪れないまま、なんとなく二〇〇〇年経ってしまった。だから近代の学者は、復活以降のイエスの話はカットしています。一番信仰として重要そうな部分は割愛して、イエスが生きている間に何をしたかということで神学を組み立てるわけです。

　イスラームの最後の審判の場合、とりあえず世の中が乱れてから、預言者ムハンマドの末裔《まつえい》であるマフディー（イスラーム世界での救世主）と、イエスが、救世主として再臨するんですね。そこでいったん、いい世の中になるのですが、そのあともう一回乱れる。それで最後の審判になるんですね。最後の審判になると、宇宙論的な死なので、次に生まれる新しい秩序は、天国と地獄という世界になっている。ここまでが通常の歴史であり、そのあとは超歴史的な世界になるという構造ですね。

島田　そうした世界観のもとでは、人間の個人としての成長というのはどうなるんでしょうか？

中田　それはありますよ。イスラームの修行をして、預言者に近づけば近づくほど成長するわけですから。

島田　預言者ムハンマドが道徳的な模範になっているわけですね。

中田　もちろんそうです。そのためにいろいろとムハンマドの真似をしたりもするわけですね。

島田　日々の実践も、ムハンマドに近づくための行為として位置づけられているということとですね。

中田　ええ。そのためにターバンを巻いたり、髭を伸ばしたりするわけです。そんなことをしていても仕方ないとは思いますけれど。

島田　形から入るという（笑）。

中田　そうですね。

結婚こそ最強の宣教

島田　冒頭で話に出ましたが、イスラーム人口がいまや世界で一六億人になって、しかも、いまもまだ増え続けている。いったいなぜ、そんなに増え続けているのでしょうか。たとえばキリスト教だと、布教して洗礼を受けさせることで信者を増やしていくわけじゃないですか。イスラームはそういう宣教はしていませんよね。

中田　イスラームは布教活動がほとんどないんです。キリスト教の洗礼に当たるような入信の儀式もありません。布教の方法論が全然ないわけです。ムスリムになるには、アッラー以外のものに従わないということを誓うだけでいいのです。その誓いを「信仰告白（シャハーダ）」といって、次の二つの章句からなります。

「ラーイラーハイッラッラー」（アッラーのほかに神はなし）
「ムハンマドゥンラスールッラー」（ムハンマドはアッラーの使徒である）
この二つの章句を唱えれば、誰でもムスリムになれる。
一方で、キリスト教の宣教というのは、要するに教会に入れることが目的なんですよね。教会に入ってもらえれば、お金を集めることができる。でもイスラームは、前にも言いましたように、モスクはあっても組織がないので、だれかがイスラーム教徒になったら、「ああ、よかったね」でおしまいなんです。

島田　宣教しないのに、なぜ増えるのでしょう。

中田　歴史的に見れば、イスラーム教徒はまわりの非イスラーム教徒よりも、文化的にも経済的にも進んでいたので、イスラーム教徒だと商売に便利だとか、そういう実利的な動機もあってみんな自発的にイスラーム教徒になっていったわけです。

でも最近は、やっぱりイスラーム教徒との結婚が多いからじゃないですか。イスラームの場合、男性は、ユダヤ教徒・キリスト教徒とも結婚できるけれども、女性はイスラーム教徒としか結婚できないんです。だから、女性が結婚するときには、たいてい相手の男性の宗教が変わる。そしてイスラームは子供が多いので、どんどん増えていくんです。

　しかも、イスラームの男はすぐに「結婚しよう」と言います。日本の恋愛ドラマを見ていると、男がいつまでたっても、結婚しようと言わないじゃないですか。言わなければ、結婚はできません。イスラーム教徒は、会って一日目で言ってくれる。それだけでも、他の宗教の女性にとっては魅力的なんですよ。

島田　たしかに、日本の女性がトルコに行くとメチャクチャもてるということを証明するテレビ番組を観たことがあります。だから結婚するために、トルコに行く女性がいてもおかしくないですね。

中田　ほんとにそうですよ。

島田　でもイスラームの男だって、誰でもいいわけじゃないでしょう？

中田　いや、誰でもいいんですよ（笑）。ダメだったら別れりゃいいわけですから。だから、とりあえず結婚してみる。

島田　たしかに布教活動をするよりも簡単に増えていきそうですね。

中田　宣教の基本は愛情ですから（笑）。

第2章 イスラームは危険な宗教なのか

イスラーム法はゆるい?

島田　日本人がイスラームを理解する上で、大きな障害になるのが「イスラーム法」という考え方です。極端なことを言うと、イスラームの国々の法律というのは、イスラーム法で統一されていて、どこの国も同じなんだと考えてしまう人もいます。それは大きな誤解であって、実際には国ごとにそれぞれの法律があるわけですね。

では、国の法律とは別に存在しているイスラーム法とは何なのか。イスラーム教徒は、イスラーム法という宗教が定めた法律と、世俗の法律の二つに従っているのか。このあたりになると、だんだんと困惑してくるわけです。

と同時に、イスラーム法はやたらと厳格に見える。イスラーム教徒は日常のありとあらゆる行動が、イスラーム法で縛られていて、まったく自由がないのではないかと、私たちは考えてしまいがちです。

こうした混乱を解きほぐすために、この章ではイスラーム法を中心に議論させてください。

まず、前章のおさらいをしておくと、イスラーム法というのは、クルアーンとムハンマドの言行録であるハディースの教えから抽出された規範体系のことですね。このイスラーム法について、もう少し具体的に説明してもらえますか。

中田　シャリーアの内容は法律よりも広く、道徳的な教えもあるし、天使や天国の話なども入っています。ですから、体系的な法律とは、かなり性格が異なるわけです。

しかも、神の啓示を書き留めたクルアーンにしても、決まりが一つひとつ明確に書いてあるわけではないので、一読しただけではアッラーの神意がどこにあるのか、わかりません。

たとえば、イスラーム教徒は、お酒を飲んではいけないということは、けっこう知られています。でも、クルアーンを読むと、お酒は人間にとって益より害の方が多い、という記述もあるし、酔って礼拝するなという記述もある。

島田　となると、それほど強くは禁止されていないということになるのですか？

中田　ところが、別の箇所では「不浄であり悪魔の行い」と、かなり強く飲酒を非難していたりもするんです。ですから、この三つを総合して、飲酒の禁止が定義されるわけです。

島田　クルアーンには、信徒が守らなければならない掟や決まりごとが羅列されているわけじゃないということですね。でも、かなり細かいところまで決められているという印象を受けますが。

中田　いいえ、クルアーンには細かい規定はほとんど書かれていません。しかしハディースのレベルでは、最も基本的な義務である信仰告白や礼拝、喜捨、断食、巡礼のほか、服装の規定や食べ物の規定、政治的な規定など、非常に事細かな部分まで戒律が定められている。これだけ聞くと、やっぱりイスラームは不自由だと思うかもしれません。

ただ、イスラーム法というのは、日本人が考えている「法」とはかなり違う。西洋的な法というのは、禁止と義務の体系で成立していて、法に反すると罰を受けます。しかし、イスラーム法は、禁止と義務の体系ではなくて、かなり幅があるのです。簡単に言うと、イスラーム法では、人間の行動する規範を、次の五つのカテゴリーに分けて考えます。

・やらなくてはならないもの　ワージブ（義務）
・やった方がいいもの　マンドゥーブ（推奨）
・やってもやらなくてもかまわないもの　ハラール（許可）
・やらない方がいいもの　マクルーフ（忌避）
・やってはならないもの　ハラーム（禁止）

たとえば、女性への求婚は、「やってもやらなくてもかまわないもの」だし、窃盗や姦通、飲酒、賭け事は「やってはならないもの」になります。

島田　一般の法律では、最後のハラームだけが規定されていて、何をやってはいけないか、それを犯したら、こうした罰が下されると、そういう形で示されているわけですが、イスラーム法の規定は、さまざまな段階を設定して、信徒の側が自分たちの考えで、何をするか、何をしないかを選べるようになっている。となると、イスラーム法は厳格だという一般的なイメージがそこで崩れてきますね。ただ、禁止されていることをやったら、やはり罪になるわけですよね？

中田　ええ、ただ現世で罰があるかどうかは、イスラームとしてはほとんど意味がないことなんです。罪の償いは、最後の審判ですることになるので、刑務所に閉じ込めて罪を償わせるような決まりはありません。ですから、意外に思われるかもしれませんが、いくつかの禁止事項を除けば、基本的に罰則規定というのはないんです。

しかも、イスラームというのは、商人の宗教なので、悪いことをしても、いいことをすると帳消しになるような考え方を取っています。場合によっては、たとえばいいことをすると、七〇〇倍のボーナスポイントがつく。つまり七〇〇の悪いことをやっても、一ついいことをすれば帳消しになったりするようなものです。だからといって、悪いことをしてはいけないんですが、そのぐらいゆるいんです。

島田　かなりの御都合主義ですね（笑）。

中田　私自身、大学に入ってから、キリスト教徒になろうか、イスラーム教徒になろうか、迷っていたのですが、最終的にイスラームを選んだ決め手は、楽そうだったことです。キリスト教は、まじめにやろうとしたら、殉教《じゅんきょう》しなくてはいけなくなるかもしれない。イエスだけでなく、ペテロなどの弟子たちは殉教していますから。それは自分には厳しすぎます。

一方、イスラームはやることが決まっているし、いま言ったように、けっこうゆるい面もあるから楽なんです。

島田　一般的なイメージでは、イスラームは戒律が厳しいと思われていますから、キリスト教よりも楽だという中田さんの指摘は、読者の方々にはかなり意外なものに受け取られるのではないでしょうか。

イスラームでは、五行六信《ごぎょうろくしん》ということがありますね。五行とはイスラーム教徒の信仰行為のことで、六信は信仰箇条のことですね。

六信の方は、神、天使、啓典、使徒、来世、定命ということになっています。「神」はこの世界を創造した唯一絶対の存在で、アラビア語ではアッラーになるわけですね。「天使」は、ムハンマドの前に現れたもので、「啓典」は、神のメッセージを記したクルアーンを指します。使徒はムハンマドのことで、イスラーム教徒は「来世」というものが存在することを前提にしている。最後の「定命」というのは、言葉としてはちょっとわかりにくいですが、人間の運命というものはすべて神によって定められているということですね。

そうした理解でよろしいでしょうか？

中田　おおむね正しいですが、啓典と使徒は複数形です。使徒はムハンマドだけでなく、イブラーヒーム（アブラハム）、ムーサー（モーセ）、イーサー（イエス）なども使徒です。啓典はクルアーンだけでなく、ムーサーの律法の書（トーラー）、イーサーの福音書（エヴァンジェリウム）のようなクルアーン以前の啓典も含みます。

島田　そうなると、イスラームはクルアーン以外に聖書などを聖典としているという解釈になるのでしょうか。そういう見解がわりと広がっていて、違うようにも思うのですが。

中田　聖書ではなく、律法の書と福音書ですし、現在のユダヤ教徒やキリスト教徒がそう呼んでいるものは歪曲されているので全くの別物です。

島田　そして、五行の方は、すでに中田さんの説明にもありましたが、信仰告白、礼拝、喜捨、断食、巡礼からなっています。信仰告白というと、私たちはすごいことをしなければならないと考えがちですが、要するに、前の章で出てきたように、イスラーム教徒になろうというときに、「ラーイラーハイッラッラー」（アッラーのほかに神はなし）、「ムハンマドゥンラスールッラー」（ムハンマドはアッラーの使徒である）と唱えるもので、イスラームの基本的な信仰はここに尽きるというそういうことですね。イスラームが広がった社会に生きている人間なら、改めてこうした信仰告白をする必要もなければ、機会もないように思いますが。

中田　イスラームの信仰告白は、キリスト教の洗礼や堅信礼《けんしんれい》のような儀式ではありません。異教徒がイスラームに入信する場合は儀式のように見えるかもしれませんが、ムスリム社会では改めて信仰告白式のようなものを催すことはなく、一日五回の礼拝の呼びかけ（アザーン）で、信仰告白の言葉を聞き、礼拝のなかで自分でも唱える毎日の日常行為です。

島田　それで、礼拝は一日五回、一定の時刻に行うことになっていて、これがあるために、他の宗教の人間は、イスラームは厳しい宗教だと考えてしまうんですが、これまでのお話からすれば、ムスリムの日常生活のなかに組み込まれている一種の慣習のようになっていると考えていいですか。

中田　そうですね。

島田　喜捨については、すでに説明がありましたし、他のところでも出てくると思いますが、断食は、一年に一度、「断食月」というものがめぐってきて、そのときに日の出から日の入りまで、食事をとらない。水も飲まないし、人によっては唾も飲み込まない。となると、これは日本人的な感覚からすれば、かなり厳しい修行だと思ってしまうのですが、実際はどうなんでしょうか？

中田　ムスリム社会では、断食月は、むしろ家族が一緒に断食明けの食事を共に楽しむ一か月の祝祭です。またラマダーン月の断食は食べることのできない貧者のことを思い起こす月でもあり、篤志家《とくしか》がモスクなどで断食明けの食事を施しますので、身寄りのない貧しい人々もラマダーン月の日没には共食の御馳走を楽しむことができます。

島田　前の章で、日本の女性がトルコでもてるという話をしましたが、じつは私の妹はトルコ人と結婚していて、日本に住んでいるのですが、信仰としてはイスラームです。

ただ、厳格なイスラーム教徒という印象はなく、礼拝もしているのかどうか、実際には接したことがないのですが、来日した当初、ちょうど断食月に遭遇したことがありました。そのときは、義弟も断食をしていて、というか、その日は友だちと一緒だったので、その友だちが断食をしていたからかもしれませんが、日の出ている間は食事をしなかった。
　ところが、ちょうど日の入りの時刻が近づいていたので、何か食べようということになって、レストランの前まで行くと、友だちはしきりに時間を気にしていました。食べ始めていい時刻が決まっていて、その時刻になると、レストランに飛び込んで、それで食事を注文したわけです。
　日本的な感覚では、断食と言えば、少しでも長く続けることが修行だと思っていたりしますが、どうもイスラームの人たちには、そういう考え方はない。重要なのは時間だという、そういう印象を受けたのですが。

中田　修行ではなく、義務であり、命じられているのは日没までの断食です。日没後に食べないことに意味はありません。

島田　巡礼のことについては、すでに話に出てきましたが、誰もが巡礼に行けるわけではなくて、国によっては、毎年、どれだけの人数がマッカ（メッカ）に行けるか、人数制限が行われていたりします。巡礼月には、二五〇〇万人程度がマッカを訪れるとされていますから、一六億人のイスラーム教徒すべてがマッカに巡礼できるわけではない。その点で、巡礼を果たした人間には大きな名誉だとは思うのですが、それはたしかに義務ではないですね。

五行全体が、戒律という言葉を使えば、罰則を伴う「律」ではなく、あくまで自発的な戒めである「戒」であると、そのように考えていいということですね。

中田　イスラーム法の考え方では、罰とはあくまでも来世での最後の審判の後の罰ですので、確かに必ずしも現世での罰則が定められているわけではありません。ただし礼拝の定刻を何度も続けて無視した者は死刑というのが法学の有力説です。もちろん現在はイスラーム法全体が全く行われていませんので当然行われていませんし、前近代でも管見の限りほぼ皆無です。

島田　前にも話に出たように、そうしたことを踏まえると、イスラーム法のイメージが随分、これまで考えられてきたものとは違ったものに思えてきますが、では、その際に、イスラーム法学者の仕事というのはどういうものになるのでしょうか。

中田　法学者はあくまで、ある行為が法的に先の五つのどのカテゴリーに入るのかを判断するだけで、それ以降は裁判官の仕事です。裁判官がイスラーム法廷で審理を行います。

イスラーム以外の人は、窃盗で手首を切られるような刑罰を残酷だと思うのでしょうが、イスラームからすると、現世の刑罰は贖罪《しょくざい》であって、来世での罰はなくなりますので、むしろ恵みなわけです。

そもそもイスラーム法というのは、罰するためのものではないんですよ。なによりも大事にしているのは「恩寵《おんちょう》」であって、守れば天国に行ける。日本の法律を守っても天国には行けませんね。来世を信じるのであれば、イスラーム法を守る方がよほど魅力的なわけです。

島田　そこで天国ということが出てくるわけですね。もちろん、どの宗教でも天国や極楽、仏教で言えば浄土と呼ばれる来世、他界というものが信仰されているわけですが、近代の社会では、そうした信仰はかなり薄れていて、日本の僧侶などでも、本気で極楽浄土が存在しているとは考えていません。

ところが、イスラームの場合には、この天国への信仰というものが、今でも強いということでしょうか。

中田　というよりも、天国を信じない者はそもそもムスリムではありません。

時代に制約されない「法」

島田 イスラーム法の話に戻りますが、西洋的な法というのは、時代の状況によって変えることができるわけですけれど、イスラーム法は違いますよね。基本的にはクルアーンとハディースが絶対的な規範になっていて、それに縛られている。その場合、そうした規範が時代に制約されたものであるという考え方は取らないということですね。

中田 取りませんね。もちろん、言葉や法が時代に制約されるという発想自体はあります。たとえば、預言者ムハンマドの時代までは、時代や民族によって言葉や法は変わるものだと考えるわけです。しかし、ムハンマドの言葉は最終形であって、普遍的なものだと今の人たちは考えます。

だから、極端な話、イスラーム法から考えれば、たとえばスペースシャトルもラクダと変わらない乗り物であり、ラクダに乗ることと同じ法を適用すればいいという考え方になります。

島田 法を変える余地がないとすれば、法学者の出番はないようにも感じられますが。

中田 ただ、先ほど言ったように、クルアーンもハディースも、どんな行為が義務で、どんな行為が推奨なのかが一義的に書かれているわけじゃありません。その線引きをするのが、イスラーム法学者の仕事です。
たとえば、一日五回礼拝するということは、じつはクルアーンには書かれていません。いま行われているような礼拝の回数や様式は、ハディースに書かれている預言者の言行を組み合わせて解釈して、定まっていったものです。

島田　解釈や適用が重要なのはわかりますが、法を変えられないことに、息苦しさは感じないものなんでしょうか？

中田　いや、むしろ神の言葉を信頼しているから、自由なんです。先ほど言ったイスラーム法の五つの範疇のうち、「義務」と「禁止」以外の領域は、人間の自由に任されている。

島田　そこが、日本人の感覚だと腑に落ちない部分でしょうね。

中田　日本人は、むしろ言葉なんて信用しませんからね。おそらく一神教はみな同じですが、言葉は人間がつくるものではなくて、信じるものなんです。

島田　新約聖書の「ヨハネによる福音書」は、「初めに言《ことば》があった。言は神と共にあった。言は神であった」という形で始まり、神と言葉とが同じものとされているわけですが、まさにイスラームの場合には、この感覚ですべてが進められているということですね。
それで、クルアーンの中には、異教徒を殺せということが記されていて、それを実際にどう解釈するかという問題はあると思いますが、そういう言葉を信じて実践する人が出てきても何ら不思議ではないということですね

中田　もちろん不思議ではないですね。

島田　外から見ると、その時点で「えーっ!?」と困惑すると思うんですよ。クルアーンに書かれている神の言葉を、そこまで絶対視しなければいけないのか、と。

中田　でも私から見ると、なぜ人間の言葉を信じられるのかがまったく理解できないんです。人間の世界で決めた「国民国家」というのは、「国民でない」という理由だけで、不法滞在者として排除しますよね。それのどこが自由なのかがさっぱりわかりません。

イラン・イスラーム革命の衝撃

島田　日本人がイスラームを危険だと思う背景には、俗に「イスラーム原理主義」と呼ばれる問題があります。アルカーイダやイスラーム国（ＩＳ）が象徴的ですが、イスラームは、大量殺戮《さつりく》も辞さないような狂信的な信者を生み出しやすいという固定観念が、根強くあるように見えます。

読者のために最初に説明しておくと、まず、「原理主義」という言葉は、宗教の世界に

おいてそれほど古くから使われていたものではありません。たとえば、一九七〇年代に日本で刊行された宗教や宗教学の事典類では、原理主義の項目自体がありませんでした。これは、原理主義という言葉が新しい現象を意味しているわけで、原理主義の英語であるファンダメンタリズムという言葉が使われる場合、それは、「根本主義《こんぽん》」と訳されて、それぞれの宗教の最も原初的な形態を意味しました。「根本仏教」などという言い方があって、今ではそれは原始仏教とか初期仏教と言われるものですね。

またもう一つ、原理主義という言葉にかんして重要なことは、一般的には「イスラーム原理主義」という形で、イスラームに特有の現象としてとらえられていますが、初めに原理主義という用語が適用されたのは、アメリカのキリスト教に対してなんですね。キリスト教原理主義がイスラーム原理主義に先行するわけです。

具体的に言うと、アメリカには、保守的なキリスト教の信奉者として「福音派」と呼ばれる人たちがいます。彼らは聖書に忠実であろうとして、進化論を学校で教えることを認めなかったり、人工妊娠中絶に反対する立場をとってきました。進化論だと、神による世界の創造を否定することになるからで、人工妊娠中絶も、「産めよ増やせよ」という神のメッセージに反するというわけです。そうしたキリスト教徒の勢力を指して、原理主義という言い方がされるようになったのが最初です。最近では、こうした福音派を指して、「反知性主義」という言い方がされるようになりました。日本でも、最近は、反知性主義という言葉がさまざまな場面で使われていますが、日本とアメリカでは言葉の意味するところが違うわけですね。

イスラームの場合は、前の章で述べたイラン・イスラーム革命が起こったあたりから、イスラーム法に忠実であろうとする人々が存在感を持ち始めた。一九八〇年代に入ってからのことですね。その結果、イスラーム世界の外側から、イスラームの教えに徹底して忠実であろうとする勢力ということで、「イスラーム原理主義」という言い方がされるようになったわけです。

でも、キリスト教の文脈で使われている「原理主義」をイスラームにそのまま適用すると、誤解が生じます。だから、「イスラーム主義（者）」と言った方が適切なのかもしれません。

前置きが少し長くなりましたが、そこでお聞きしたいのは、イラン・イスラーム革命以降、イスラーム主義はどのように展開していったのか、ということです。

中田　イランのイスラーム革命は、サウジアラビアで異端の少数派として迫害されていた東部州のシーア派を勇気づけ、イランは「革命の輸出」を目指して、シーア派を反体制運動に駆り立てました。ただしイランは表向きは少数派のシーア派であることを強調せず、不平等で不正な王制の打倒を呼びかけたため、イランにおけるシーア派イスラーム革命で、いちばん大きな衝撃を受けたのは、スンナ派のサウジアラビアでした。

外から見ると、二大聖地であるマッカ（メッカ）とマディーナ（メディナ）を抱えるサウジアラビアはイスラームが非常に強い国に見えますが、実態は違います。西欧の近代思想の影響を受け、政治にイスラームを持ち込ませない政教分離をした世俗主義的な国です。ですから、権力を握るサウジアラビア政府は、イラン・イスラーム革命が、自国内のシーア派を刺激するだけでなく、自分たちの体制に不満を持つスンナ派イスラーム主義者が増長するのではないかと恐れていました。

その予感は当たりました。一九七九年一一月、スンナ派イスラーム主義者たちは、マッカのモスク「マスジド・ハラーム」を占拠する事件を起こしました。事件の実行者たちはイスラーム法に基づき、国全体、いや西欧に押し付けられた「国家」という概念を超えた、イスラーム世界全体の政治のあり方を、根本的に変革しようという主張を持っていました。

一方、サウジアラビア政府は、フランスやパキスタンの援助を得て占拠グループを鎮圧しましたが、この事件は、スンナ派イスラーム主義者による行動として大きな意味を持ちます。あのオサマ・ビン・ラディンも、この占拠グループの流れから出てきた人物の一人です。

ワッハーブ派とは何か

島田　サウジアラビアの国教は、スンナ派のなかでもワッハーブ派と呼ばれるものですね。このワッハーブ派の内実を知らないと、イスラーム主義や過激派と呼ばれる人たちが生まれてきた背景がつかまえづらいように思うのですが。

中田　ワッハーブ運動というのは、一八世紀に、イスラーム法学者であるアブドルワッハーブが唱えた思想に起因します。彼は、イスラーム法の厳格な施行を唱えると共に、聖者崇拝を徹底的に批判するんです。

彼の目に映った当時のイスラーム教徒は、聖者に祈願をしたり、聖者廟《びょう》を参拝したり、霊験あらたかな聖木《せいぼく》を祠《まつ》るといった宗教生活を送っていました。これは、アッラーという神の唯一性を否定することであり、いわば多神教的なふるまいです。そこで、アブドルワッハーブは自ら率先して聖者の廟を破壊し、聖木を伐採していきます。

島田　聖者崇拝というのは、キリスト教にもあって、カトリックでは聖者を認定するための制度が確立されていますが、聖者は奇跡を起こしたり、病気を治してくれる、庶民にとってはありがたい存在で、日本で言えば、八百万《やおよろず》の神々に相当するわけです。

となると、一神教であるはずのキリスト教やイスラーム教に聖者崇拝があるということは、神の純粋性を脅かすという点で大きな問題があるわけですが、実際には、カトリックでは伝統として確立され、現代でも次々と聖者の認定ということが行われています。プロテスタントは、そうした聖者崇拝を認めない点で、イスラーム主義に近いかと思いますが、たしかに厳格な一神教の立場からすれば、聖者崇拝は、信仰が多神教に流れていく危険なものと映るわけですね。

中田　このアブドルワッハーブに共感したのが豪族のイブン・サウード（一八八〇～一九五三）です。この二人が中心となって、誤ったイスラーム教徒を回心させ、正しいイスラームに覚醒させようとするワッハーブ運動が起きるわけです。そして、この運動が拡大して、いまのサウジアラビア王国の原型ができていきます。

島田　つまり、サウジアラビアという国には、もともと厳格なイスラームを実践する素地が強くあったということですね。ところが、二〇世紀に油田が見つかり、西欧諸国からオイルマネーは入るし、イスラーム国家としては堕落していった。そのなかで、ワッハーブ派の理念に忠実であろうとするイスラーム主義者が、イラン・イスラーム革命に刺激を受けて、覚醒していったわけですね。

「マスジド・ハラーム占拠事件」が起きた頃には、ソ連（当時）によるアフガニスタン侵攻（一九七八〜一九八九）もありましたね。

中田　ソ連のアフガニスタン侵攻は、イスラームの国々にとって非常に重要な出来事です。共産主義の侵略を阻止するために、アフガニスタンには、国外からスンナ派イスラーム主義者たちが義勇兵として入り込んできました。

そうすると、アフガニスタンという戦場が、イスラーム主義義勇軍の国境を越えたネットワークの結節点になるわけですね。しかも、実戦訓練の場としても機能した。サウジアラビアからアフガニスタンへやってきたオサマ・ビン・ラディンが後にアルカーイダと呼び慣わされることになるネットワークをつくり上げるのも、この対ソ連ジハードを通じてです。

こうした義勇兵に対して、アメリカは武器を提供するなどの軍事援助を行いました。結局、アメリカがテロ組織と名指しして攻撃しているイスラーム主義団体は、かつてアメリカの支援によってつくられたわけです。

島田　それは、アメリカにとっては何とも皮肉な事態ですが、結局、紛争の当事者のうち、片方に加担するとこうした事態が起こるというのは往々にしてあることで、アメリカのテロ戦争というのは、自分たちが行ったことの後始末の意味を持っていたりするわけですね。

中田　まさに自業自得、因果応報というものです。

イスラーム主義の元祖イブン・タイミーヤ

島田　先ほど、ワッハーブ派の説明をしていただきましたが、ワッハーブ派の創始者であるムハンマド・イブン・アブドルワッハーブは、さらにさかのぼって一三～一四世紀のイスラーム法学者であるイブン・タイミーヤ（一二六三～一三二八）から大きな影響を受けていますよね。そのイブン・タイミーヤについての研究が、中田さんの原点になるわけですね。

中田　おっしゃるとおりです。それどころか、現在、一般にイスラーム原理主義とみなされるサラフィー・ジハード主義は、イブン・タイミーヤから始まったといっても間違いではありません。

　インターネットでイスラーム学の古典のほとんどがダウンロードできる現在と違って、当時は日本ではアラビア語の文献を閲覧すること自体が困難でした。イブン・タイミーヤは生涯に数百点の著作を残していますが、三七巻の著作集をはじめとして一〇〇冊ほどが公刊されています。またイブン・タイミーヤはワッハーブ派や現代のサラフィー主義者たちに決定的な影響を与えています。イブン・タイミーヤの影響を研究するために、ワッハーブ派やサラフィー主義者の文献を収集しました。結局気がついたら一〇トン弱の本を日本に送ることになっていました。

　まずサラフィー主義とは、クルアーンとハディースに基づいた初期イスラームの時代への回帰を目指す立場です。一般にスンナ派というのは、ハナフィー派、マーリキー派、シャーフィイー派、ハンバリー派の四つの法学派に分かれています。しかし、サラフィー主義はこうした法学派が生まれる以前のイスラーム世界を理想視するわけです。考え方としてはワッハーブ派とほとんど重なっていますので、聖者崇拝や聖廟への参詣も厳しく批判します。

　また、ジハードは、イスラームを脅かす異教徒に対する戦いであり、ムスリムの義務とされています。しかし、イブン・タイミーヤは、ムスリムを名乗ってもイスラーム法に背くような統治を行っている為政者に対してはジハードが成り立つと考える「革命のジハード論」を唱えました。もっとも、当時は「革命」という語自体ありませんでしたが。

こうしたイブン・タイミーヤの思想が、現代のイスラーム武装勢力の思想的な源泉となっているのです。

島田　サラフィー・ジハード主義はすでに話に出た聖者崇拝を批判しているということが大きなポイントだと思うんですが、イスラームのなかで、一神教と矛盾する可能性のある「聖者」というのはどういう位置づけになるんですか。

中田　聖者崇拝はスーフィズムと結びついたものです。

イスラームには「スーフィズム」という伝統的な運動があります。日本語では「イスラーム神秘主義」と呼ばれることが多いのですが、もともと九世紀から一〇世紀頃、イスラーム法の定める規範に従った日常生活に飽きたらず、神に身も心も捧げる生き方を追求した修道者（スーフィー）たちの運動がスーフィズムです。

スーフィーの教団が開く集会では、アッラーの名前を唱えながら、体を前後に揺する「ズィクル（唱念）」をみんなで行っていますが、これも組織ではなくて、「師」と「弟子」の一対一の関係をベースにしてできあがっているんですね。

　このスーフィズムは、中世の時代にはイスラーム全域に広がっていました。スーフィーのなかには、奇跡を起こしたり、病気を治癒したり、神の言葉を伝えたりする者もいます。そうしたスーフィーが聖者として尊敬を集めて、死んでからもその墓には特別な力があると信じられ、人々が願掛けに来たりするようになるのです。

島田　聖者崇拝はアッラーだけを信仰するイスラームの教義と矛盾しませんか？

中田　イスラームは、聖者の存在自体は否定しません。クルアーンでも聖者の存在は認められています。

島田　でも、神の言葉を伝えたりするわけですよね？

中田　預言者ムハンマドのように、ムスリム全員に対して課される啓示ではなく、個人的な霊感を神から得ることはOKなんです。たとえば神から、「おまえはいつもの礼拝に加えて、夜三時間礼拝しなさい」とか、「今日は雨が降るから傘を持っていけ」とか、個人的にそういう霊感が訪れることは否定されていないんですね。

　ただ、民衆はそういう聖者が好きなので、聖者が死んだ後もお墓に詣でて願い事をする。ここまでくると、多神崇拝になってしまうわけです。これはクルアーンやハディースを素直に読めば正しい。だから、サラフィー主義者というのは、聖廟を破壊する。それを拝む人間を弾圧するわけです。

島田　なるほど。イスラーム国（ＩＳ）が聖廟や墓を破壊するのは、イブン・タイミーヤの思想から来ているわけですね。

中田　そのとおりです。けれども、お墓参り自体は、イスラームでは死を思い起こさせるものとして、むしろ推奨されているんです。でも、聖者の墓をモスクにしたりするのはいけません。最近、サウジアラビアの国王が亡くなりましたが、お墓は土を盛っただけです。

イスラーム国（ＩＳ）まで連なるサラフィー・ジハード主義の最大の関心事は、聖者廟を作って、それに詣でて祈願をする人たちです。彼らが一番の敵なんですね。だから、聖者廟を壊して回る。それを守ろうとする人間は殺してしまいます。

島田　けれども、イスラーム圏には、聖者廟がたくさんあるわけですね。

中田　あります。だから、やることが一杯あるわけです。逆に言うと、サラフィー主義者にとって、政治的な活動というのはじつはあまり重要じゃない。

島田　シーア派のお墓はどういう感じなんですか。

中田　シーア派の方がもっとお墓もお墓参りも派手で盛んです。だから、サラフィー主義者にとっては許せないわけですよ。

島田　墓というものは、現代の日本でもさまざまな問題を引き起こしていますが、信仰の対象ということでは大きな力を発揮します。

キリスト教の聖者崇拝についてもふれましたが、ヨーロッパの教会の場合、聖者の遺骨である聖遺物を安置し、それを祀るものとして建てられた場合が少なくありません。そうした教会は、日本の観音霊場のように、巡礼地になっています。

日本でも、浄土真宗など、宗祖の親鸞《しんらん》は、自分が死んだら遺体は鴨川に流してくれと遺言を残していましたが、その後継者は、墓所を建て、それが現在の本願寺の元になっていきます。

そうした信仰というものは、庶民にとっては、ご利益を期待できるものなので、とても人気があり、信仰を広め、高めていくことに大いに貢献するわけですが、一方でそれは、信仰が偶像崇拝に堕落していくという側面も持ちます。

中田　唯一神教としてのイスラームにとって、偶像崇拝こそ最も忌《い》むべき許し難い大罪です。しかし、人間には、形あるものに欺かれ、いずれは朽《く》ち果てる偶像に跪《ひざまず》く傾向があります。ですから偶像崇拝に流れる大衆に対して、被造物神化を峻拒《しゅんきょ》する「原理主義」が歴史上繰り返し現れてくるのは、イスラームだけでなく、アブラハム的一神教の宿命ともいうことができると思います。

革命のジハード論

島田　先ほど、サラフィー・ジハード主義の「革命のジハード論」という話が出ましたが、具体的にそれはどういう形で行われるんですか。

中田　典型的なのは、一九八一年にエジプトで起きたサダト大統領暗殺事件です。この実行犯は、ジハード団という秘密結社の人間でした。

ジハード団は、そもそも西欧的な議会による立法を「アッラーの大権である立法権の簒《さん》奪《だつ》」と考えていました。したがって、イスラーム世界において、イスラーム法に則って統治を行わない支配者は処刑されるべき背教者であり、サダト政権打倒はジハード団の使命である、というロジックです。この考え方がまさに「革命のジハード論」ですね。

ところが、ジハード団はサダトの殺害には成功したのですが、期待した民衆蜂起による革命は起きませんでした。その結果、大弾圧を受けたジハード団のスンナ派イスラーム主義者たちは、エジプト政府の迫害を逃れアフガニスタンに転戦します。オサマ・ビン・ラディンの死後、アルカーイダの指導者となったアイマン・ザワーヒリー（一九五一〜）

もこのジハード団出身です。
　そうすると、アフガニスタンに集結していた諸国のムスリム義勇兵や活動家の間に、ジハード団が提唱していた「革命のジハード論」が広まっていくわけです。
島田　「革命のジハード論」も元をたどれば、イブン・タイミーヤがつくった思想なんですよね。
中田　そうです。イブン・タイミーヤの時代というのは、モンゴルがアッバース朝を滅ぼしてイスラーム世界を蹂躙《じゅうりん》していきます。ところが、中央アジアを征服したモンゴル人たちはイスラーム化するんです。イル・ハン国です。しかし、それは名目的にシーア派のイスラームに改宗しただけです。イスラーム法も施行しないし、スンナ派のムスリムを襲撃したりする。
　そこでイブン・タイミーヤは、スンナ派のイスラームを守るために、彼らの改宗はニセモノの異教徒支配だと批判し、その打倒を説きました。これが「革命のジハード論」になっていく。つまり、ムスリムの国であっても、イスラーム法を施行しなければ背教であり、その為政者を討伐するジハードが義務になるわけです。
島田　このモンゴルという存在ですが、西の方ではイスラーム世界に入り込んでいくわけですが、東の方にも進出していき、高麗《こうらい》を征服した後に、今度は日本を攻めようとします。それが、「元寇《げんこう》」になるわけですが、このモンゴルによる侵略を予言した形になったのが日蓮《にちれん》ですね。

日蓮には、イブン・タイミーヤと似たところがあって、日本の原理主義、この場合には、天台《てんだい》の法華経《ほけきょう》原理主義ということになりますが、その創始者になるわけです。日蓮は、法華経にこそ、釈迦の真実の教えが示されているのであって、それ以外の仏典は、法華経の教えに導くための方便にすぎないという立場を強調しました。これは、最澄《さいちょう》が日本で開いた天台宗の立場でもあるわけで、とくに日蓮が目の敵にしたのが、念仏さえ唱えれば極楽往生がかなうとした法然《ほうねん》の念仏宗、今の浄土宗でした。

日蓮は、鎌倉幕府の前の執権だった北条時頼に直接面会して、『立正安国論《りっしょうあんこくろん》』という文書を提出しています。

そこでは、法然の教えが正法《しょうぼう》に背くと糾弾され、幕府がそうした間違った教え、「謗法《ほうぼう》」と言いますが、それを放置していれば、薬師経《やくしきょう》に示された七難が起こると言い、天変地異などそのうちの五つはすでに起こっているが、海外から攻められる「他国侵逼難《たこくしんぴつなん》」と、国内で戦乱が起こる「自界叛逆難《じかいほんぎゃくなん》」はこれから起こると予言しました。

日蓮は、直接モンゴルの襲来を予言したというわけではないのですが、ちょうどその後に、モンゴルから国書が届き、日本側がそれを無視したことで、モンゴルは日本を攻めてきます。日蓮の立場からすれば、それは法罰ということにもなるのですが、そうした日蓮を信奉する人々のなかからは、原理主義的な傾向を持つ人々がその後次々に現れます。

しかも、イブン・タイミーヤの思想が、ずっと顧みられず、最近になって再び注目されるようになったのと同じで、日本でも近代に入って、日蓮の思想は「日蓮主義」という新しい思想運動を生むことになりました。それが、戦後の創価学会にまで影響を与えたことについては、『八紘一宇《はっこういちう》』という本のなかに書きましたが、世界史をつくり出したとされるモンゴルの影響によって、東と西の端で、原理主義の思想家が生まれたということはかなり興味深い現象かと思います。

中田　現在進行中の圧倒的な軍事力を背景としたアメリカによる力ずくのグローバリゼーションと、モンゴルの騎馬軍団の世界征服のグローバリゼーションの間に並行関係があるかもしれません。結局モンゴル帝国は滅び、その西方の継承国家イル・ハン国、ジョチ・ウルス（キプチャク・ハン）国はイスラーム化します。

湾岸戦争から対アメリカジハードへ

島田　それは予言的な話とも思えますが、また現代の話に戻ると、ソ連のアフガン侵攻があり、エジプトではサダト大統領暗殺（一九八一年）があって、そのどちらもアフガニスタンにつながっているわけですよね。

その後、イスラーム世界の大きな事件としては、一九九〇年に湾岸戦争が起こります。サダム・フセインのイラク軍がクウェートに侵攻したことがきっかけとなって、アメリカ軍を中心とする多国籍軍がイラクと戦って、いちおう勝利した。

イスラーム世界では、湾岸戦争はどのようにとらえられているんですか。

中田　サダム・フセインは、ヨルダン、パレスチナなど、アラブ諸国の一部からは熱狂的に支持されていました。そこには、反イスラーム的な制度や価値観を押し付けてきた欧米への反感があったと思います。

しかし、サダム・フセインの実態もまた、反イスラームです。湾岸戦争ではジハードを宣言していましたけど、国旗に「アッラーフアクバル（アッラーは至大なり）」の文言を入れるといった子供騙《だま》しで、彼の政策にはイスラーム法は全く取り入れられていませんでした。それも見抜けないというのは、イスラーム教育を弾圧し「世俗化」を強行したイスラーム世界の知的劣化以外のなにものでもありません。

島田　なるほど。もう一つ重要なことは、湾岸戦争後のサウジアラビアにアメリカ軍が駐留したことが挙げられます。これが九・一一の伏線になっていくわけですよね。

中田　ちょうどその頃、私は在サウジアラビア日本大使館の専門調査員として、サウジにいたんです。人口一七〇〇万人（当時）のサウジアラビアに、五〇万人を超える多国籍軍が駐留している。これは、イスラームの蹂躙です。ですから、イラクからの脅威に対抗するためと言って外国軍の駐留を要請した政府の権威は失墜しました。

同時に一九九〇年代は、イスラーム主義者による反政府武装闘争が頻発した時代です。

エジプトでも各地で爆弾テロが何度も起きました。しかし、名目的にはムスリムである自国の為政者を打倒する「革命のジハード論」は、民衆の支持がなかなか得られません。

そのときに台頭するのが、オサマ・ビン・ラディンのいわゆるアルカーイダです。ビン・ラディンは、サウジの大財閥の御曹司です。アフガンで義勇兵として戦ったのち、サウジアラビアに戻ってきたビン・ラディンは、アメリカ軍の駐留を、異教徒による聖地の冒瀆《ぼうとく》とみなして、アメリカに対するジハードを呼びかけるわけです。

島田　その結果起きたのが、二〇〇一年のアメリカ同時多発テロですね。これは、ビン・

ラディンのアルカーイダによる犯行ということになっていて、アメリカは、ビン・ラディンを匿《かくま》っていたアフガニスタンのタリバーンに対して反テロ戦争を仕掛けます。それでも、ビン・ラディンを殺害することも、つかまえることもできず、パキスタンで殺害されるまで、一〇年近い歳月がかかりました。

これで、九・一一は決着がついたということになるのでしょうが、二〇〇四年に刊行されたアメリカ政府による『九・一一委員会報告書』を読んでみると、果たしてビン・ラディンを首謀者としてとらえていいのか、それが疑問に思えてきます。

実行犯は、ドイツにいたエジプト人のモハメド・アタという人物を中心としたグループですが、彼らが実際にビン・ラディンから指示を受けていたという証拠が、報告書でははっきりと示されていません。

この部分については、アタのグループに属していながら、事件の前に捕まった一人の人間の証言だけに依拠していて、ほかに証言がとれていません。たしかに、実行犯はみな死んでしまっているので、彼らがどういうことを目的として、どういうプロセスを経て、世界を震撼させるような事件を引き起こすことができたのか、それが立証されていないんですね。

中田さんは、その点についてはどのようにお考えでしょうか。アルカーイダのメンバーとされる人間たちは、相互に連絡をとらないまま勝手に行動するという話も出ましたが、イスラームの集団のあり方を踏まえ、お考えをお聞かせください。

中田　イスラームは、すべての人間が、いかなる被造物にも隷属することなく神だけに従う、という教えであり、具体的にはクルアーンとハディースに従って生きることを意味します。ですから、イスラームは基本的に一人で実践できる教えであり、集団行動の調整のための最小限の指揮命令系統以外はそもそも必要としない、というか、あってはならないのです。アルカーイダにしても、そうしたムスリムの集まりですので、イスラーム教徒の土地を侵略する者とは戦え、とのアルカーイダの理念に共鳴さえすれば誰でもアルカーイダを名乗れ、具体的な戦術については自分流のやり方で行う、ということも起きるわけです。

政教分離には普遍性がない

島田　九・一一によって、アメリカの権威は失墜し、世界の枠組みは大きく変わったように感じます。中田さんは違う見方をするかもしれませんが、やはり宗教と政治の関係ということが強く問われるようになったわけです。

そこで、これは、イスラームの問題を考える上で極めて重要なことになってくると思うのですが、近代社会というのは、政治と宗教が分離した政教分離の社会であると、一般的には理解されています。でも、政教分離というアイデア自体、近代の西欧で生まれたものですから、言ってみれば西欧が自己正当化するための物差しのようにもとらえられるわけです。

だとすれば、政教分離という考え方をイスラーム社会に当てはめて考えること自体、無理があるような気がします。そういう問題が、九・一一で一気に噴出したのではないでしょうか。

中田　私が同志社大学の神学部で教えていたとき、アメリカ宗教史を専門としている森孝一先生から、西洋にとっての政教分離は、政治と宗教の分離ではなく、国家と教会の分離のことだという話をよく聞きました。私も、森先生の見方に賛成です。

そもそも、西洋的な政教分離の源流には、ローマ帝国とカトリック教会との分離があります。

キリスト教は、ローマ帝国の中から自生的に生まれた宗教ではありません。ローマにはもともと多神教的な宗教体系がありましたが、帝国が拡大していくなかで、異邦人であるユダヤ人起源のキリスト教が入ってきた。しかもキリスト教の教会は、領土があり、騎士団のような軍隊も持っている。税金を徴収する官僚機構もある。カトリック教会というのは、地上の権力組織なんです。

そうすると、ローマのなかに、帝国の権力組織と教会の権力組織の二つが並び立つような格好になってしまって具合が悪い。そこで中世になって、この二つの権力を分けましょうという妥協の産物が、西欧的な政教分離モデルの原型となるものなんです。

政教分離は、そういう特殊な状況を背景に生まれてきたものなので、普遍性がないのは当然なんですよ。

島田　西欧だけにしか当てはめることができないわけですね。では、イスラームの場合、政治と宗教の関係はどのように理解すればいいですか。

中田　西欧とは違う形の政教分離を考えるとわかりやすいと思います。

単純な社会では、最高権力者の王様が戦争のリーダーもするし、宗教的な儀式やお祭りも司る。これは西欧から見れば、政治と宗教が未分化な状態です。しかし、どんな社会であっても、社会が複雑になると、いろいろな機能や要素が分化していきます。

島田　戦争を担当するリーダーと、祭りを担当する人が分かれていくということですね。

中田　そうです。そうやって政治と宗教の担い手が分かれていくことが、本来的な政教分離です。これはどこでも生じることであり、イスラームでもそうです。

たとえば預言者ムハンマドの時代は、政教未分化であり、政教一致といってもいいでしょう。ムハンマドは、神とコミュニケーションする宗教的な人間であると同時に、神の啓示に従って戦争を率いる人間でした。軍人と民間人の区別もありませんし、政治の専門家がいるわけでもありません。

しかしムハンマドの死後、正統カリフの時代になると、神とコミュニケーションできる人間はいなくなります。ですから、カリフが戦争をすることを決めても、それに反対する人間もいる。そこで議論をして戦争をするかどうかを最終的に決めるのであって、これは宗教的な決定ではありません。カリフはあくまでも、世俗の指導者であり、神からの命令を受け取る宗教的指導者ではないのです。

島田　その時点で政教分離は実現されているということですね。

中田　そうなんです。ただ、正統カリフの時代のカリフは、みんな預言者ムハンマドの直弟子ですから、法についてはいちばん知識を持っていました。だから、政治と法はまだ分かれていないんですね。

それがウマイヤ朝の時代になると、カリフたちは法についての知識を失っていき、代わってウラマー（イスラーム学者）、フカハー（イスラーム法学者）たちがその部分を担うようになっていきます。つまり、この段階で、政治的な権威と法的な権威が分離していくわけです。

島田　いまの説明は、スンナ派とシーア派共通にあてはまることですか？

中田　いえ、いまの話はスンナ派ですね。シーア派の考え方は違っていて、彼らの言う「イマーム（導師）」は、ムハンマドと同じように絶対的な権威を持ちます。シーア派信徒にとって、イマームは預言者と違い新しい天啓法シャリーアを授かることはありませんが、神とコミュニケーションでき、神によって導かれ誤りなくシャリーアを解釈できる無謬な存在です。ですから、イマームは政治と宗教どちらの指導者でもあります。

島田　じゃあ、政教一致ですね。

特殊な政教分離国家――日・仏・トルコ

島田　政教分離と言っても、すでにここまでの話からもわかるように、宗教によって、あるいは時代によって、かなり違うものになってきます。現代の社会においても、それは同じで、国によって同じ政教分離と言っても、その内容に大きな開きがあり、それを厳格に求める国もあれば、そうでない国もあります。

ヨーロッパで最も厳格な国はフランスではないかと思いますが、フランス革命以降徹底した形で政治と宗教を分離しています。「ライシテ」という形で完全な世俗主義を取っていますから、公共空間でスカーフを被るとか、大きな十字架を身に付けるだけでもアウトになってしまう。そのために、「スカーフ問題」が起こったりするわけですが、なぜそうしたことが起こるかは、フランスの宗教をめぐる歴史的な事情を理解しないと、本質が理解できません。

日本もまた、フランスとは違う意味で、政教分離に敏感な国です。日本の場合、占領期にGHQから神道指令が発布されて、国家と国家神道を分離しました。日本を占領したアメリカとしては、日本国家と国家神道が一体の関係になったことで、軍国主義が助長されたととらえ、それを解体しなければ、日本の民主化は実現されないと考えたわけです。ですから、戦後の日本国憲法では、政教分離が明確に規定され、信教の自由も無条件で保障されることになります。

しかし、日本においては、仏教と神道が一つに融合してきた「神仏習合」の歴史もありますから、国家と宗教を分離するといっても、そう簡単にはいきません。だからこそ、創価学会と公明党の関係をめぐる議論や、天皇や首相の靖国神社参拝の問題が起こり、激しい議論が展開されることになりました。今でもそれは決着がついていませんが、政教分離が憲法に規定されているために、宗教が政治にかかわったり、政治が宗教にかかわったりすることに対して、相当の制限が加えられていることは事実です。

首相の靖国神社参拝などをめぐっては、さまざまなところで訴訟も起こり、違憲判決が出されている場合もあり、日本人は、政教分離の原則をおかすことができない状態におかれています。ただ、宗教は日常生活にも深くかかわっているものですから、徹底した政教分離を推し進めるべきなのかは再考の余地があるように思います。とにかく政治と宗教が結びつくことを頭ごなしに否定しようとする傾向が強い点は、行きすぎているようにも思えます。

イスラーム圏で言うと、トルコは独自な形で政教分離を徹底させています。たとえば、モスクを建てるときは、東京の代々木上原にある東京ジャーミィの場合がそうですが、国は一切お金を出さずに、トルコ国民の浄財で建てている。その一方で、モスクの運営にあたるイマームは公務員です。つまり、イスラームを官僚機構の中に組み込み監視しながら、政教分離をしているわけです。

しかし世界的に見れば、このフランス、日本、トルコの三つの国の方が特殊であって、多くの国では政教分離ということをそれほど重くは考えていないように見えます。三つの国では、それぞれ事情が異なりますが、宗教の影響力を削がなければならないという社会的な背景がありました。

アメリカでは、むしろ政治と宗教は強く結びついています。アメリカ大統領が聖書に手をおいて就任式をするのは有名ですが、建国の事情に信仰ということがかかわっているので、ことあるごとにキリスト教の教えや聖書の文句が持ち出されたりします。ドイツや北欧諸国も、教会税を国家に支払う仕組みになっているわけですから、政教分離が厳格に守られているというわけではない。

ということは、イスラームだけが政教分離をしていないと非難するのは一方的ですし、近代国家においてさえ政教分離が国際的に絶対の原則になっているというわけではない。

ただ、イスラームの場合、イラン・イスラム共和国、あるいはイスラーム国（ＩＳ）のように、「イスラーム」という言葉がことさら国家の名称として使われたりするために、

東京・代々木上原にあるモスク、東京ジャーミィ

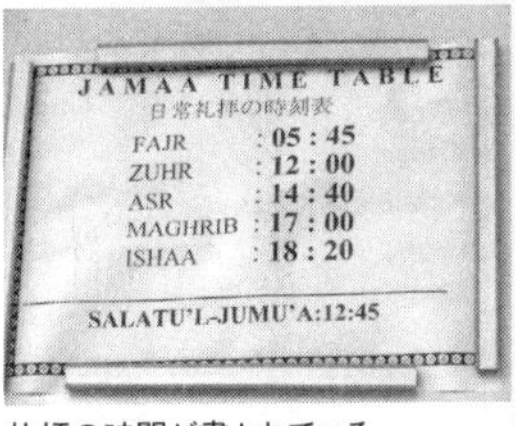

礼拝の時間が書かれている

モスクの中

島田氏撮影

政教一致のイメージが強く感じられるのかもしれません。

中田　本来的には、すべてがイスラームなので、「イスラーム」という言葉をくっつける必要はなかったわけです。ところが現在は、イスラームでないものがたくさん出て来てしまったので、ことさらに「イスラーム」ということを明示しなければならない状況になっているんです。

島田　「本来的にはすべてがイスラーム」というのは、どういうことなんでしょうか？

中田　たとえば、いまは「イスラーム神学校」とか言いますけど、本来はただの「マドラサ（学校）」です。ウラマーも「イスラーム学者」と説明されますけれど、言葉の意味としては単なる「学者」です。

島田　そこには、西欧生まれの宗教学や宗教史といった学問の影響もあるかと思います。宗教学では、宗教の定義ということをやりますが、さまざまある定義のなかで重要視されているのが、フランスのエミール・デュルケムの定義で、そこでは、宗教というものは聖と俗とが分離されていることが前提になっている。聖なるものを信奉するのが宗教であり、その領域は、俗なる世界からは隔絶されているというわけです。

聖職者という言い方が生まれるのも、そうした聖と俗との分離が前提になっていて、キリスト教のカトリックでは、聖職者である神父は、生涯独身を守ることを誓い、その時点で俗界から離れます。

実は、こうしたあり方は、仏教とも共通していて、僧侶は出家して、俗界を離れることになっています。そのため、日本でも、デュルケムの定義が受け入れられやすい。神社が、鳥居や瑞垣《みずがき》によって俗界から隔てられていることも、そうした枠組みのなかで解釈しやすいところです。

ところが、イスラームの場合には、聖と俗との分離ということがない。その点で、キリスト教や仏教とは違うわけで、分離していないものを分けるということは本来無理なわけです。だから、イスラームには、キリスト教や仏教の聖職者にあたる人間はいなくて、みな俗人ですね。イマームもウラマーも俗人です。

そうしたイスラームのあり方は、聖と俗の分離、政教分離を原則としている近代の国家のあり方とは両立しないところがあって、そこでさまざまな衝突という事態が起こるのではないかと思うのですが。

中田　そうです。ムスリム諸国では、イスラームの教えにあからさまに反する西欧的近代国家は解体されるしかありません。

九・一一から広がる反イスラーム政策

島田　要するに、イスラームがすべてだった世界に、イスラームではない価値観が入ってきてしまった。そのために、より強くイスラームを打ち出す必要に迫られているということですね。それは具体的にはどういう現象として現れているんですか。

中田　端的に言うと、イスラームに敵対する政権ですね。九・一一は、イスラーム世界の独裁政権にとって、テロとの戦いという目的で、反政府イスラーム主義者を弾圧する口実を与えてしまったんです。その影響は現在にも及んでいます。

たとえばエジプトでは、クルアーンの学校をどんどん閉鎖しているんです。スンナ派の最高教育機関のアズハル大学も、国家が完全にコントロールしていますからね。

島田　アズハル大学と言えば、イスラームの世界では学問的に相当の権威があると見なされてきましたし、私もそのように認識していましたが、いまはそういう状態ではなくなっているということですね。

中田　そうなんです。たとえば、アズハル大学に留学している学生が、こんなツイートをしているんですよ。

「アズハルは名前こそ知れ渡っているが実態はひどい。勉強させてもらっている身でこういうことを言うのもあれだが事実は事実」

「ああ、ついに来たか。アラビア語塾に政府からの人間が来てアラビア語教育禁止だって。クルアーンも成人男性、女性禁止で子供のみ。なので早朝の勉強会後みんなで教室に貼ってあるアラビア語のポスター等をはがしました」

こういう政府による反イスラーム政策がどんどん進んでいるんです。

島田　ここで言われるアラビア語というのは、古典アラビア語のことですか？

中田　そうです。口語アラビア語を知っていても、クルアーンは読めないんですね。だから古典アラビア語を学ばなければならない。

島田　そうやって古典アラビア語の学習を禁じたり、アズハル大学を政府の管理下に置こうとする目的は何ですか。

中田　エジプトからできるだけイスラームの影響をなくしたいからですよ。政府としては、人々がイスラームの教えを守るようになると、イスラームに反した政治を行って権力を握っている自分たちが追放される。だから、イスラームの方を捨てるわけです。端的に言えば、政府はカリフ制になると困るんですね。

島田　それはサウジアラビアと同じということになりますが、イスラーム世界全体を束ねる存在として、カリフを選ぶべきという主張がある。そうなると、国家という枠組みはいらなくなるから、政府が持っていた利権は当然失われることになる。だから政府側は、イスラームの教えが広まって、カリフ制を支持する声が強まるのを危険視しているわけですね。

では次に、カリフ制についてじっくりお聞きしたいので、章をあらためて議論することにしましょう。

第3章

なぜカリフ制が重要なのか

カリフ制不在の九〇年

島田　この章では、中田さんが以前から主張されている「カリフ制」の再興ということについてお聞きしていこうと思います。

カリフというのは「後継者」の意味で、スンナ派の政治的な指導者を指す言葉です。最後の預言者であるムハンマドが亡くなった後、イスラーム世界では正統カリフ時代がありました。その後も、いろいろと紆余曲折はありながらも、カリフの称号は受け継がれていきました。しかし、一九二二年にオスマン帝国が滅亡し、トルコ共和国になると、一九二四年にはカリフ制も廃止されてしまいます。それ以来、九〇年にわたってイスラーム世界ではカリフ不在の時代が続くことになりました。ところが、シリア、北イラクに広がるイスラーム国（ＩＳ）は二〇一四年にカリフ制を宣言した。

まず、議論の前提として、なぜ長きにわたってイスラーム世界にカリフが不在だったのかというところからお話しください。

中田　現在のイスラーム世界を見る上では、やはりヨーロッパの帝国主義によって、多くのイスラーム世界が植民地化されていった二〇世紀初頭にさかのぼる必要があります。オスマン帝国は一八世紀以降、徐々に領土を削られていき、一九二二年には滅亡します。そしてアタテュルク（一八八一〜一九三八）のもと、脱イスラームの世俗化政策をとり、西洋型の国民国家へと変質していきます。

北アフリカを見ても、エジプト、アルジェリア、チュニジア、モロッコ、リビアは、いずれもヨーロッパによって植民地化されました。

二〇世紀初頭で、名目的にでもイスラーム世界で独立を保っていたのは、オスマン朝、イランのカジャール朝、そしてアラビア半島のサウジアラビアのわずか三国です。

ヨーロッパによるイスラーム世界の植民地化は、ムスリムに対する経済的収奪、政治的抑圧にとどまりません。イスラーム自体の抹殺政策におよぶこともありました。

たとえば、アルジェリアを支配したフランスは、首都最大のモスクを教会に転用すると発表した。当然、ムスリムは抵抗して、モスクに立てこもった。フランスはどうしたかというと、四〇〇〇人のムスリムを全員焼き殺し、虐殺されたムスリムの遺児たちは、キリスト教会に奪われました。

こうした形で植民地となったイスラーム世界は、宗教、教育、文化、政治、経済といった統合的なシステムを破壊し尽くされたのです。植民地化された国々は、第二次世界大戦後に独立をしますが、これはイスラーム世界が自立性を取り戻したというわけではありません。

カリフ制というのは、本来、一つのイスラームでなければいけないのに、独立国家がいくつもできてしまった。ですから、カリフ制が成立する基盤が、植民地化によって壊されてしまったんです。

島田 にもかかわらず、植民地主義によって生み出された西欧型の国民国家という枠組みは、そのまま残ってしまいましたからね。

中田 そうなんです。つまり、独立したイラクやシリア、エジプトといった国家を「イスラーム国家」と呼んでしまうこと自体が、大きな問題なのです。イスラーム法から考えれば、イスラームの国家がいくつも存在するのはおかしな事態なわけですから。

イスラームは「服従すること」「帰依すること」を意味する言葉です。要するにイスラームとは、唯一神アッラーだけに従うものであって、アッラー以外のどんな人間や組織も他者を支配する権利はありません。

ところが現実のイスラーム世界では、国民国家という枠組みが残り、王家や政府など、アッラー以外の権威が至るところにはびこっています。それを考えると、いまはどこにもイスラームが実現されている場所はないわけです。

島田 本来のイスラームのあり方が、いまは失われているということですね。

中田 私はそう考えています。そのあたりの感覚は、なかなかわかってもらえないと思うんです。前章で、エジプトが反イスラームになっていると言いましたが、私が一九八六年にカイロ大学に留学するためにエジプトに渡航したときから、そういう状態でした。

大学の正門では、自動小銃を持った兵士たちが自分たちに銃口を向けて立っているなかを、学生証を見せて入っていくんです。学問の自由なんてまったくないし、大学のなかにムハーバラートという秘密諜報《ちょうほう》機関が公式に事務所を構えています。私が博士論文を提出したときも、提出許可を得るためには、その諜報機関の判子をもらわないと出せないんです。それがアラブ世界のなかで一番自由と言われているエジプトですから、シリアやイランなんて推して知るべしということです。

もともとイスラームには、国家の概念も国境の概念もありません。そこに、西欧のような国家がつくられてしまったら、その国々に支配層が生まれます。神以外の支配層が生まれる時点で、もうイスラームではないんです。

島田 これは、根源的な問題になってきますね。イスラームの立場からすれば、本来的に国家が生まれ、そのなかに支配する者と支配される者が生まれること自体が、神の存在を冒瀆することにもなってくるわけですから。となると、イスラームと国家というものは、本来的に両立しないと考えていいのでしょうか。

中田　近代西欧が生み出した「領域国民国家」とは両立しません。

「アラブの春」の功罪

島田　現在のイスラーム圏の政治的支配層から見たら、カリフ制で一つのイスラーム世界ができあがることは、自分たちの利権を失うことになりますね。

中田　そうです。だから、イスラーム主義を弾圧していくわけですね。

実際、数年前まではアラブの世界でカリフ制を唱えることはタブーでした。サラフィー・ジハード主義者も口にすることはなかったと思います。当時、本気でカリフ制の再興を主張していたのは、「解放党（ヒズブ・タフリール）」だけでした。解放党は、一九四九年にパレスチナで創設された政治結社で、長年、非合法組織として地下活動を展開していました。私も、サウジアラビア滞在中に、解放党の思想と出会って、そのカリフ制再興の思想に大きな影響を受けました。

あと、東南アジアは少し違うんですね。たとえば、インドネシアはスハルト政権を倒して、イスラームを自由化したので、解放党も自由に言論活動を行うことができるようになりました。二〇〇七年には、ジャカルタの一番大きなスタジアムで「カリフ会議」が開催され、だいたい一〇万人ぐらいが集まり、私もそこで演説をしました。それがYouTubeで世界中に流れてしまい、アメリカのブラックリストに載ってしまいましたが（笑）。

島田　そのときは、どういった演説をされたのでしょうか。

中田　インドネシアでカリフ制再興の義務を訴えることができて嬉しい、といった話をしました。

島田　いまはアラブの世界でもカリフ制を口に出せるようになったんですか？

中田　「アラブの春」で大きく変わりました。独裁者がいなくなったので、イスラーム主義やカリフ再興の思想が民衆のなかに一気に広まっていったんです。

島田　でも、「アラブの春」は、イスラーム主義運動とはほとんど関係ありませんよね。

中田　そのとおりです。アラブ中東諸国では、長年にわたって独裁政治や貧富の格差の拡大によって閉塞感が広がっていました。しかし「アラブの春」は、政府はもちろん、イスラーム主義運動関係者の誰一人として予想もしなかったタイミングで民衆のなかから突発的に起きたのです。

しかし、突発的だったために、独裁政権を倒してからの計画やビジョンは何にもなかったんですね。それまでの独裁政権の下で、反体制運動は禁止されていましたから、政権を倒しても新たな統治の主体となる政党や政治組織がほとんどなかったわけです。

島田　でも、エジプトは、ムスリム同胞団が政権に入ったでしょう？

中田　あれもほとんど偶然です。ムスリム同胞団はもともとはイスラーム主義を唱えていましたが、独裁政権の弾圧を避けるために、「政教分離」を認めている「名ばかり」イスラーム主義です。そのネットワークはアラブ中東諸国をまたいでいます。

チュニジア、エジプトの議会選挙、エジプトの大統領選挙で、ムスリム同胞団は棚ぼた的に勝利しました。エジプトで成立したムスリム同胞団政権は、一年あまりで軍の反革命クーデタにより、あっけなく崩壊してしまった。

島田　外側から見ると、ムスリム同胞団はイスラーム主義の政党、政治組織というように見えるんですが、違うんですか。これまで、イスラームの世界には組織がないということで話が進んできましたが、ムスリム同胞団だけはイスラームの組織だということになるのでしょうか。

中田　ムスリム同胞団単体で考えた場合、西欧や日本で考える「組織」に比較的近い動き方をする、と考えてもよいと思います。しかし、ムスリム社会全体がネットワーク社会であり、ムスリム同胞団もそのネットワーク社会の一部ですから、イスラーム世界の動きの全体を見る場合には、ムスリム同胞団の組織的側面だけでなく、ネットワーク的側面を視野に入れないと分析を誤ります。

島田　イスラーム世界で唯一組織と言えるムスリム同胞団が政権に入るということは、イスラームの政権が成立したと見えますよね。

中田　外からだけじゃなく、エジプト国民ですら、ムスリム同胞団の政権をイスラーム政権だと信じきっていました。長いこと独裁政権が続いていたので、エジプト国民もイスラーム政治が何なのかということは、ほとんど知らなかったからです。

しかし、なんの自覚もなく民主主義の選挙制度に乗っかって成立した時点で、イスラーム政権とは言えません。当然、政権を取ってからも、イスラーム的な政策をするようなことはありませんでした。

結果的に、ムスリム同胞団の失政は、イスラーム主義に対する嫌悪感を民衆に植え付けてしまいました。これは、本物のイスラーム主義にとっては痛恨です。「名ばかり」イスラーム主義の失敗によって、本当のイスラーム主義が誤解されてしまったわけですから。

島田　さらにイスラーム国（ＩＳ）が台頭することで、イスラーム主義に対する嫌悪感が、イスラーム圏においても強まっているということになるわけですか。

中田　もちろん強まっています。正しいイスラーム主義の教えが広まると、イスラーム国（ＩＳ）の他にイスラーム世界のどこにもカリフ制が存在しないということで、イスラーム国（ＩＳ）を支持するか、別のカリフ制を立ててイスラーム世界を統一しようということになってしまう。そうすると現在のエジプトの権力を握っている軍が用済みになりますから。こうした危惧は、イスラーム世界全体に広まっています。

島田　エジプト以外でも同じように反イスラームの傾向にあるのでしょうか。

中田　多かれ少なかれありますが、サウジアラビアが一番ひどいです。もともとサウジは、政治に関して宗教者に口を出させないシステムになっていますが、さらにイスラーム排除が加速しています。

イスラーム主義者の理想

島田　でも、先ほどアラブの春によって、イスラーム主義やカリフ制の知識は、広まっていったという話でしたが。

中田　はい。もちろん独裁政権が倒れたことで、弾圧が緩む側面もあります。それと、ネットを通じてイスラーム主義が広まっていったのも事実です。それはたしかに大きな変化だと思います。

島田　しかも、アラブの春は、意図せざる結果かもしれませんが、イスラーム国（ＩＳ）が台頭する下地を準備することになったんではないでしょうか。

中田　そうなんですね。イスラーム国（ＩＳ）の前身組織は、もともとはアルカーイダの分派で、イラクのなかで力をつけていきました。イラク戦争に勝利してフセインを倒したアメリカは、イラクにシーア派の傀儡《かいらい》政権をつくりました。そこから、スンナ派住民の弾圧が繰り広げられていきました。もちろんスンナ派も抵抗運動をする。そういう混乱のなかから台頭してきたのが、イスラーム国（ＩＳ）の前身組織です。

それに加えて、アラブの春によって、シリアが無秩序の地域になります。そこにイスラーム国（ＩＳ）の前身組織が入っていって、さらに勢力を拡大していくわけです。

島田　イスラーム国（ＩＳ）も、元をたどればアルカーイダの流れを汲んでいるわけですから、思想的な面ではイスラーム主義と考えていいわけですか。

中田　はい。これも誤解が多い部分ですが、イスラーム国（ＩＳ）の掲げている思想そのものは、別段オリジナリティがあるわけじゃありません。正統的なイスラーム主義の主張です。

島田　イスラーム主義者の間で共有されているイスラーム世界の理想像については、みんな一致しているということでしょうか。

中田　もちろん細かい違いはあるんですが、それよりもまず、理想的な世界を思い描く人は限られるわけです。

ただ、それはイスラームに限ったことではありませんよね。民主主義や自由主義でもいいし、キリスト教や仏教でもいいんですが、そのなかで理想的な世界があると思って、それを実現するために努力する人というのは非常に少ないと思います。

おそらく、相対的に考えれば、イスラームで理想を持っている人は、私も含めてけっこういます。そして彼らのなかで描いている理想の姿は、わりとはっきりあって、それがカリフ制の再興なんです。

カリフ制再興を優先しなければいけない理由

島田　真摯にイスラームのあり方について考える人であれば、カリフ制再興という点では一致するということですね。

中田　そうなんです。じゃあ、カリフ制再興をどうやって実現するのか、というレベルになると、だいぶ意見が違ってきます。

まず、イスラーム法を適用するイスラーム国家を各地につくっていき、最後にそれらを統合してカリフ制をつくるという考え方があります。これは、ムスリム同胞団やサラフィー・ジハード主義諸団体が取っている考え方です。この考え方でいくと、イスラーム国家は地域ごとに複数あっていいことになります。

一方、私はその考え方を取りません。私は、イスラーム的に合法的な政体はカリフ制しかないと考えています。ですから、なによりもカリフ制再興が先であって、それまではイスラーム法は適用できないと考えています。

島田　この話を聞いていると、かつてマルクス主義者のあいだで言われた「二段階革命論」のことを思い出しますね。一気に社会主義・共産主義の社会をつくり出すのではなく、まず封建制を打倒してブルジョア民主主義の社会をつくり、そのなかで資本主義が発展した段階で、改めて社会主義革命を起こすという、そういう考え方ですね。

ムスリム同胞団の場合、戦後急進化して、ナセル大統領の暗殺を企てたこともありますが、その時期の指導者がサイイド・クトゥブ（一九〇六～一九六六）です。彼は、結局、処刑されてしまいますが、獄中で、イスラーム流の革命理論の構築を行い、その際に、マルクス主義の強い影響を受けて、前衛といった概念を借用したりしました。こうしたことは、そこに関係するのでしょうか。

中田　ムスリム同胞団だけではなく、当時のムスリム運動はすべて大なり小なりマルクス主義の運動論の影響を受けています。カリフ制再興を目指す解放党（ヒズブ・タフリール）も、イラクのシーア派のダウワ党もそうです。

私の考えを言うと、もちろん、ある地域の秩序機構がイスラーム的な法制度をつくることはあってもいいんです。でも、それはイスラーム政体ではないということです。なぜかというと、基本的にイスラームは個人と神との宗教なので、神から命じられたことを個人が実行すればいいわけです。キリスト教の神父や牧師、仏教の住職にあたるような聖職者はいないので、一人ひとりが「神がこれを命じている」と信じて、勝手に生きるのが本来的には正しいんです。

そのために、イスラーム法を勉強する。勉強した結果、たとえばヒジャーブは着けた方がいいと思う人は着ければいいし、着けなくてもいいと思う人は着けなくていいんです。

これがイスラームの基本的なルールですが、それだけだと、人によって異なる解釈がたくさん出てしまいます。それでも、個人が家のなかだけで実践する分にはいいんですが、他人とかかわって生きていくとなると、勝手な解釈をそれぞれが振りかざすと、問題や混乱が生じてしまう。その場合は、内心がどうであれ、神の言葉を外面的に守らせることが必要になり、その唯一の権利を持っているのがカリフだというのが私の考え方です。

だから、預言者ムハンマドの唯一正当なカリフを元首としていただくカリフ制を備えた正しいイスラーム政体ができるまでは、統治者が形式的にイスラーム法を適用しても、それは人間の人間に対する支配でしかありません。

カリフ制を復活させるということは、国民国家システムで押し付けられた国境をなくして、イスラームが本来持っていたグローバリゼーションを回復することです。しかも、カリフ制というのは、イスラーム教徒にとって義務なのですから、イスラームを真剣に考えれば、カリフ制を目指すのは当然のことなんです。

島田　いまの中田さんの、カリフ再興論をうかがっていて、宮沢賢治が『農民芸術概論綱要』のなかに記した有名な一節、「世界全体が幸福にならないうちは個人の幸福はあり得ない」という言葉を思い出しました。

両者の共通点は、強い理想主義の思いがあふれているということですが、その宮沢賢治は、文学好きの人たちはあまりふれたくない話題のようですが、田中智学《ちがく》が作った日蓮主義の団体、「国柱会《こくちゅうかい》」のメンバーでした。国柱会では、会員をいくつかの種類に分けていましたが、賢治は、そのうちでもかなり熱心な「信行員」として認められ、東京に出てきたときには、アルバイトをしながら、鶯谷《うぐいすだに》の国柱会館に通い、国柱会の活動に貢献していたほどです。

田中智学という人は、親が熱心な法華講の人間で、その影響から日蓮に対する信仰を持つようになります。ただ、両親が相次いで亡くなってしまったので、日蓮宗の僧侶になりますが、僧侶という枠には収まりきらない人間で、還俗《げんぞく》し、一般の社会で活動するようになります。

その智学が唱えたのが「八紘一宇」という考え方で、これは、戦時中には、日本の海外侵略を正当化するスローガンとして使われますが、智学の考えは、そういうものではなく、法華経に対する信仰を中心として世界を統一するという遠大な理想に結びついていました。信仰による統一ということでは、カリフ制再興論と重なる部分があるようにも感じられました。

中田　そうですね。

世界に「イスラームの家」はない

島田　ただ、イスラーム国（IS）をはじめ、イスラーム過激派と言われる人たちは、中田さんとは違う考え方で行動しているわけですよね。なぜ、そこで意見が分かれるのか、もう少し詳しく解説してもらえますか。

中田　カリフ制の再興を理解する上では、「ダール・アル＝イスラーム」（イスラームの家）と「ダール・アル＝ハルブ」（戦争の家）という二つの概念から考える必要があります。

イスラームは、世界を「イスラームの家」と「戦争の家」という二つに分けて考えます。「イスラームの家」は、イスラーム法によって治められている土地であり、「戦争の家」はそれ以外の地域です。

「イスラームの家」は理念的には一つで、イスラーム教徒であれば、人種、民族、国籍を問わず、たとえ「戦争の家」の地域に住んでいても、ウンマの一員として、誰でも受け入れますし、自由に移動することができます。

そして、この「イスラームの家」で、イスラーム法を執行し、ムスリムの安全な生活を守る役割を負わされる人間がカリフです。ですから「イスラームの家」においては、国境はないわけですね。グローバルなイスラーム世界があり、カリフがいて、イスラーム教徒はイスラーム法だけに従う。そういう政体がカリフ制です。

では、現代の世界はどうなっているか。イスラーム主義者たちは、すべての地域が「戦争の家」だと見なします。

島田　先ほど指摘されたように、イスラームはどこにおいても実現されていないということですね。

中田　そうなんです。たとえほとんどの住民がイスラーム教徒であっても、イスラーム法による統治がなければ、そこは「イスラームの家」ではありません。だから、現代の世界に「イスラームの家」はない。先ほど話したことを、イスラームの概念で話すと、以上のような説明になります。つまり、ここまでは一致しているわけですね。

しかしここでサラフィー・ジハード主義者は、反イスラーム的な為政者をジハードによって打倒することが義務だと考えるのに対して、私は「イスラームの家」がない状況では、ジハードは義務ではなくなると考えます。

島田　「イスラームの家」にはカリフ制が不可欠であり、カリフ制のもとでこそイスラーム法が成立するわけですから、その線で考えていくなら、当然そういうことになりますね。だとすると、イスラーム国（ＩＳ）で、アブー・バクル・バグダーディー（一九七一〜）がカリフであると宣言したことは、どのように理解すればいいんですか。

中田　イラクとシリアの国境付近で活動していたムスリム勢力の幹部たちが、バグダーディーをカリフとして擁立した。そして、バグダーディーが彼らの勢力圏の首都といえる場所でカリフ就任の所信表明演説をした。

ここまでは確認されていますが、問題はその次、いまやアフリカから南アジアにまでわたる広大なイスラーム圏の、莫大な数のムスリムたちの信任を得られるかどうか。バグダーディーのカリフとしての正統性はここにかかっています。

島田　先ほど、イスラームの世界において反イスラーム的な動向が広がっているというお話でしたから、それからすると、それは相当に難しそうですね。

中田　おっしゃるとおり、カリフ制が再興されたら、利権を失う人たちがたくさんいますし、そういった人間がメディアや権力を押さえています。ただ、イスラーム国（ＩＳ）の勢力が拡大しているところを見ると、草の根レベルでの支持者はけっこう多いと思った方がいいですね。

島田　バグダーディーは、カリフになる条件は満たしているんでしょうか。

中田　カリフの条件というのは漠然としているんですが、いくつかはハッキリとクリアしなければいけないことがあります。具体的には、クライシュ族の出身であること、イスラーム法の知識を持っていること、戦闘能力があることなどです。これらについては、バグダーディーは満たしているとは言えます。彼はいちおうイスラーム法学者であり、戦闘能力も明らかにあるわけですから。

島田　クライシュ族はムハンマドの部族ですが、バグダーディーがクライシュ族であることは確かなのですか？

中田　アラブ、とくにイラクは部族社会なので、嘘のつきようがありません。部族の全員が彼のことを知っているわけです。彼の属するクライシュ族の一支族ブー・バドリー族は、預言者の末裔として知られるイラクの名門です。そしてとくに部族の強いサウジアラビアやイラクだと、日常会話の半分ぐらいは部族の話です。親戚の誰かが、どこの部族の誰々と結婚するとか、日常会話の半分くらいはそんな内容なんですよ。だから、誰が部族の一員なのかというのは誰にでもわかるんです。

カリフ制は独裁主義ではない

島田　中田さんの考え方からすると、こうしたイスラーム国（ＩＳ）のカリフ制というのは間違っていることになりませんか。

中田　そうなります。まず、カリフを名乗っているバグダーディーが、全ムスリムからカリフとして認められる可能性は非常に低いと思います。しかも、イスラーム国（ＩＳ）は、現代アラビア語で言うと、領域国民国家の意味が入ってしまっています。これは、カリフ制の理念を実現したものとは考えられません。

島田　しかも、バグダーディーがカリフを名乗ったことで、どうしてもカリフが独裁者のイメージで受け取られやすくなってしまっているように思うのですが。

中田　そうなんですよ。でも、カリフは独裁者とは全く違うんです。西欧的な統治の考え方というのは、君主制や独裁制だけじゃなく、民主制であっても、人間の支配という考え方がベースにあります。要するに民主制というのは、多数の人間による支配ということです。法律も理念的には国民が決めてつくることになっている。

しかし、イスラームの場合、人間が治めるのではなくて、神の「法」が治めます。だから、純然たる法の支配になるわけです。

先ほども言ったように、イスラームの根本は、個人と神しかいません。ただし個々人が自分の判断で法に従っているだけではすまない場合が出てくる。たとえば法の解釈をめぐって人々に争いが生じたとき、あるいは突然敵国軍が攻めてきて、戦うか和平条約を結ぶか決める、といった集団的な決定をしなければならないときに、それをカリフが決めるというだけです。

島田　カリフが独裁者でないのは、そのように権限や役割というものがかなり制限されているというところにあるというわけですね。

中田　はい。だいたいカリフの役割というのは、戦争をするかどうかの決定、ザカー（喜捨）やジズヤ（人頭税）の徴収や分配、裁判官の任命といった程度です。それ以外は、法に任せていれば、社会は勝手に回っていきます。

島田　日本に引きつけて言えば、近代の天皇に似ているのかもしれませんね。戦前の大日本帝国憲法では、「天皇大権」という形で天皇はあらゆる権限を与えられているかのようになっていましたが、実質的な権力が与えられていたとは言えないわけです。権力というよりも、権威として君臨しているというイメージで、だからこそ戦後の憲法では、象徴として位置づけられました。憲法を読んでみると、天皇が存在しなければ、国会も開けないし、総理大臣も任命できないことになっていますが、あくまで内閣の助言を必要とするわけで、天皇に権力が集中しているわけではないですね。

さらに、戦前の場合には、八紘一宇のスローガンに示されているように、日本と日本が植民地化した国々全体を統合する存在として天皇が想定されていたわけで、実際にそういう形になっていたとしたら、あるいはカリフ制が再興されたイスラームと同じようになっていたかもしれません。カリフが特定の部族から選ばれるというのも、万世一系を掲げる天皇家と似ています。

中田　巨視的に見ると、天皇と将軍、それに執権の関係は、カリフ、スルタン、ワズィール（大宰相）の関係に似ていますね。

カリフの選び方

島田　理想的には、カリフはどうやって選べばいいんですか。

中田　一言で言うと、みんなで選べばいいんです。イスラーム法に従えば、そういうことになります。私個人の考えでは、できるだけ寛容な考えを持っている人がいいと思います。というのは、どういう立場の人がカリフになるかで、シャリーアの適用の仕方が変わってくるからです。前章で言ったように、イスラーム法は、解釈に開かれています。ならば、できるだけ寛容な解釈をする法学派の人間がカリフになった方が、風通しのいい社会になると思います。

島田　でも、現状はイスラーム国（ＩＳ）は暴力的で野蛮な勢力とみなされていますし、エジプトやサウジアラビアでは反イスラーム的な政策も強まっている。となると、繰り返しにもなりますが、理想的なカリフ制が実現されるということは、いまの段階では相当に難しいということになりますね。

中田　でも、先ほど言ったように、五年前の時点では、インドネシアでこそカリフ制を表立って言えるようになりましたが、アラブ世界では口にすることができるとは思っていませんでした。そもそもカイロ大学で学位を取った一九九二年の時点では、私はサラフィー・ジハード主義のイスラーム政治思想を専門としていたものの、カリフ制の再興という考え方があること自体知らなかったんです。

それを考えると、カリフ制という考え方がここまで浸透してきただけでものすごい進

歩なんです。その意味では、イスラーム世界はカリフ制への移行に向かって動いていると
いうことだと思います。

島田　でも、これはカリフ制にかぎらずということになると思いますが、みんながネット
でいろんな情報にアクセスできるようになった現在の社会では、イスラームに対して、間
違った受け取り方をする人がたくさん現れて、それが広まっていく可能性はないですか？

中田　それが一番の問題点で、知識と情報の区別がついていないんですね。神の法を正し
く知るためには、学問的な訓練を受けて理解しないといけないんですが、インターネット
上で流れている情報を知識として鵜呑みにする人間が大勢います。そうすると、それを押
し付ける人間が出てくることになり、自由なイスラームが失われてしまうんです。カリフ
制再興にとっては、それが一番危険なことであって、イスラーム国（IS）がどうなるか
ということはじつは大した問題ではありません。

目指すはグローバルな平和的アナーキズム

島田　中田さんの話をうかがっていると、イスラームというのは本質的にアナーキズムの
社会、無政府主義の社会ではないかと思えてきます。カリフが一人いるだけで、後は勝手

に社会は回っていくというわけですから。

中田 まさしくアナーキズムですよ。たとえば、カリフは教育にタッチしない。教育は社会や共同体任せになるんです。

島田 そのときには、国家も介入しないわけですか？

中田 しません。現代の教育のベースには、キリスト教文明があります。キリスト教の告解《こっかい》や懺悔《ざんげ》は、人間の内面を教会の管理下に置くことが目的でした。そこから中世のカトリックの異端審問や近代のプロテスタントの魔女狩りのような現象も生じます。近代になると、そうした教会による平信徒の精神の管理が、国家が国民の精神を管理する学校教育に替わります。そこでも「心の教育」みたいなことがしきりに言われたりするわけです。

イスラームでは、人の内面を知っていいのは神だけであり、人間が他の人間の心に踏み込むことは厳しく戒められています。ですから、イスラーム政体では、ムスリムであろうと異教徒であろうと、心の教育は絶対に行いません。

島田 それは非常に興味深い事柄ですね。なにしろ、日本では、国語を中心に、心の教育ということを熱心にやっていて、文章を読んでいく場合にも、登場人物の気持ち、心を理解するということに学習の中心がおかれています。

たとえ、登場人物が、動物であっても、それに感情移入して、その心を理解していく。小学校の教材としてよく使われる「ごんぎつね」がその代表かと思います。考えてみると、これはなかなかすごいというか、恐ろしいことで、他人の心、他者の心を理解できるということが前提になっていて、一種の「超能力」を要求しているようなところがあります。

そこから、「察する」ということを重視する日本の文化が生み出されていくわけで、仏教が受容されたのも、仏教の教えが心を中心としたものだったからでしょう。その点で、イスラームは考え方が全く違うわけですね。

中田　もちろん、イスラームでもスーフィズムでは心の修養を目指していきますが、それはあくまでも二次的なものであり、過度に強調されることはありません。

島田　さらに、日本人が考える政府なんてないわけですね。

中田　目指すところは、グローバルな平和的アナーキズムなんですよ。人間やお金や物が国境や関税なしに自由に動くことができる。「国籍」というアイデンティティなどいらないわけです。統治機構の力はできるかぎり小さくして、イスラーム法のもとで人々が助けあって社会を回していく。イスラームを正しく理解したら、そういう世界観になっていくと思います。

ただ、イスラームのカリフ制にかぎらず、国民国家を超えていく動きというのは、世界的な流れとしてあるんじゃないでしょうか。EUという試みもそうです。ヨーロッパだって、ヨーロッパ人同士で散々殺し合いをしてきました。その反省にもとづいて、EUができた。

国民国家の枠を外そうとすると、必ずその反動がナショナリズムという形で出てきます。「イスラーム原理主義」と聞くと、ウルトラ・ナショナリズムのように誤解されがちですが、実態は真逆。むしろナショナリズムを超えて、普遍主義を目指していくものなのです。

その点でも、イスラーム国（IS）は視野が狭すぎます。イスラーム国（IS）は世界的だと大きな声で言ってますが、実際はアラブのことしか考えてない。せいぜいアフガニスタンあたりまでしか視野に入っていなくて、東南アジアになど全然目がいっていません。

その証拠に、インドネシアの過激派がイスラーム国（IS）に忠誠の誓いを立てているのに、イスラーム国（IS）は全く無視してしまっているぐらいですから。

なぜ欧米の若者がイスラーム国（IS）に集まるのか

島田　イスラーム国（IS）のことがとりあげられるとき、ヨーロッパの若者がかなりの数、イスラーム国（ＩＳ）に向かっているということが話題になり、そのことに衝撃を受けている人も少なからずいると思うんですが。

中田　わかるといえば、わかるんですよ。ヨーロッパでは、ムスリムだということで謂《いわ》れのない差別を受けたりする。彼らは、ずっと居心地の悪い思いをして生きなければいけないわけです。

じゃあ、彼らの受け皿はどこにあるのかというと、いままで話したように、エジプトだってサウジアラビアだって、反イスラーム国家になってしまっている。残念ながら、いまムスリムというだけで受け入れてもらえる場所はイスラーム国（ＩＳ）しかないのが実情です。

イスラーム国（ＩＳ）に行けば、まわりはムスリムしかいない。髭を伸ばしたり、ヒジャーブを着けても嫌がらせを受けることもないし、時間が来たらみんなでモスクに行って礼拝する。少し語弊があるかもしれませんが、欧米からイスラーム国（ＩＳ）に参加している若者は、おそらく学園祭や体育会系の合宿みたいな気分になっているのだろうと思います。

島田　なるほど。ある意味では、イギリスから新天地を求めてアメリカ大陸にやってきたピューリタンと似ている部分もありますね。

中田　イスラエルをつくったユダヤ教徒もそういうものかもしれません。勘違いしないでほしいのは、イスラーム国（ＩＳ）を美化して言っているわけではないんです。現実として、ムスリムの避難所になる場所が、イスラーム国（ＩＳ）ぐらいしかないというのが問題なんですよ。

島田　ヨーロッパだと、移民という形で大量のムスリムを抱えているわけじゃないですか。ドイツでもフランスでも、四〇〇万とか五〇〇〇万のムスリムがいる。だけど、社会にうまく統合できないという問題に直面して、その上、移民排除の極右的な運動も起こっている。この問題を解消する道はなかなか見つからないですね。

中田　見つからないですね。そのためにも、グローバルなカリフ制が必要だと思うんですが。そうすれば、ヨーロッパが嫌になったら、逃げてくればいい。

島田　でもまだ実現していない。そうなってくると、必然的にイスラーム国（ＩＳ）に行ってしまうわけですかね。

中田　そういうことです。

島田　でも、イスラーム国（ＩＳ）に入っていった人たちが、勤勉に働くようになって、まともな社会を築き上げるようになるかといえば、疑問ですね。

中田 それは同感です。だからこそ、少しでも本来のカリフ制に近づけるように、努力したいと思っているのです。

第4章

イスラームは気前がいい

ケチはイスラームの恥

島田　ここまでイスラームをめぐって、その基本的なあり方から、なぜイスラーム国（IS）のような過激な集団が生まれてきたのか、あるいはイスラーム（IS）国の登場で俄然注目が集まったカリフ制について考えてきましたが、イスラームの影響はそういったところにはとどまりません。

いまや、イスラームが広がった地域の国々が経済的にも力をつけ、経済面でも世界に大きな影響を与えつつあります。そのなかで注目を集めていることとして、「イスラーム金融」の問題などがありますが、この最後の章では、そうした問題についても考えてみたいと思います。

それに関連して、少しでもイスラームのことを勉強した人なら、イスラーム法では、利子が禁止されているということは知っています。でも、イスラームが経済活動をどのようにとらえているのか、という根本的な考え方については、ほとんど理解されていません。最近は「ハラール認証」といった言葉もニュースで見かけるようになりましたが、それとイスラーム法がどのように関係しているのかは、わかるようでわからないところがあります。

まずは素朴な質問ですが、イスラームは「儲ける」ことに関しては肯定的なんでしょうか、それとも否定的なんでしょうか。

中田 おおざっぱに言うと、商人の宗教であるイスラームは現世でも来世でも儲けていい、という宗教なんです。真面目に一生懸命に働けば現世でも報われて当然です。しかし問題なのは、人間はとかく目先の利益に目を奪われがちだ、ということです。

目先の儲けに目が眩《くら》んで、将来の結果を考えずがめつく商売しようとすると、騙して傷物を高く売りつけたり、預かりもののお金を使い込んだりする。

それでは困るので、節制を重視する考え方もあるにはあるんですが、儲けることを否定するような考え方はありません。

島田 日本人が中東を旅行すると、タクシーや土産屋ですぐにぼったくられるということを聞きますが、あれはどう考えたらいいでしょうか。

中田 イスラームでは「吝嗇《りんしょく》（ブフル）」と「強欲（タムウ）」は全く別の概念です。

彼らとしては「強欲」は問題ないんです。でも、吝嗇、ケチであることはなによりも恥ずべきだという感覚があります。イスラームは、とにかく気前がいいんですね。路上に物乞いがいれば、ほとんど反射的にお金をあげます。施しの文化が身体的なものとして根付いていますから。

島田　仏教だと、欲望自体を煩悩《ぼんのう》として否定的にとらえ、そこから解脱《げだつ》することを中心的な目標とします。それは、仏教にかぎらず、インドで生まれた宗教全般に言えることだと思いますが、イスラームには、そのように欲望を否定的に考える部分は全くないということですね。

中田　欲望自体は生物として生きていく上で必要な生理的機能として中立的にとらえられています。問題はシャリーアの教えを無視して欲望の赴くままに行動することです。

島田　一方で、気前のよさを示すということでいえば、アメリカ大陸の先住民族のあいだにある「ポトラッチ」の習慣があります。これは、権力を握った人間が、その気前のよさを示すために、宴会などで財産をすべて使い尽くしてしまうというものです。そこには、富の再分配の要素があると指摘されていますが、そうしたものがイスラームの文化や習慣にも見られるということですね？

中田　もてなす文化は、宗教にかかわらず、中東世界の至るところで見られます。砂漠が多い地域ですから、困っている人がいたらシェアするのが当たり前なんです。それがイスラームによってさらに強化されたのだと思います。

ハディースには「あなたにとって本当の自分の財産とは使ってしまったものだけだ。残して持っているものは、やがて相続人のものになるだけなのだから」という言葉があります。だから、お金だろうが食べ物だろうが、貯め込まない。持っていたら、どんどん他人に回していくのがイスラームなんです。

島田　江戸っ子が「宵越《よいご》しの銭は持たねえ」と言って粋がっていたのも、それに通じる気がしますが、銀行などが発達していない段階では、金を持っていても、泥棒にとられたりする。その意味では、家に貯め込んでいても仕方がないし、金が社会に出回ることで、経済が活性化し、ひいてはそれが自分のところにも及んでくるということなんでしょうが、とりあえず、イスラームにおいては金銭に関して禁欲的なところは見られないと理解していいのでしょうか。

中田　そうですね。禁欲が、貯蓄して使わないという意味であるなら、禁欲はむしろ悪です。金銭はまずは使うことが重要です。その上で、できれば貧者を助けるとか、イスラーム教育などの社会福祉に使うとか、ジハードの戦費を供出するとか、イスラームが勧める良い目的に使うことが求められます。

アッラーは商売の言葉で啓示を与えた

島田　これは、井筒俊彦氏が『イスラーム文化』という本のなかで強調していて、とても印象に残っているのですが、クルアーンを読むと、商業にかかわるような表現が頻繁に見られますね。人間と神との関係を示すにも、それを商売にたとえるとか。『イスラーム文化』は、井筒氏が経団連に頼まれて、経済界の大物たちの前で行った講演がもとになっているので、氏もわざわざそうした面を強調したのでしょうが、それは、イスラームのユニークなところですね。

中田　やっぱりアラブ人は商業民族だったから、イスラームの教えに帰依することのメリットも、商売のたとえを用いると納得させやすかったんですね。クルアーンの「神さまによき貸し付けをする者が誰かいるか。そんな者には神さまはその貸しを何倍にもして返してくださる」（第2章245節）という言葉なんてまさに商業の言葉です。

そう考えると、イスラームというのは、現世で商売をして儲けている人々に、来世での儲け方を教えるような側面があります。

島田　なるほど。現世では商売に精を出して儲け、豊かな生活を送る一方で、貧しい人たちには精いっぱい施しをする。そうした喜捨を果たすことによって、今度は施した側が死後に天国に行けるという恩恵にあずかることができる。その点では、経済と信仰とが見事に融合しているとも見ることができますね。それも、ムハンマドの故郷であるマッカ（メッカ）が、当時としては一大商業地だったことが関係しているということでしょうか？

中田　はい。当時のマッカは、アラビア半島のさまざまな部族の偶像を祀るカアバ神殿が建てられていた門前町です。カアバ神殿には三六〇体の偶像が置かれていて、巡礼の季節になると、アラビア半島の各地から大勢の人がやってきて、大きな市も立つ。非常ににぎやかな商業地域でした。

ムハンマド自身は、幼い頃は羊飼いをしていたのですが、少年になると伯父に連れられてシリア貿易の隊商にも加わり、商人として身を立てるのですね。

島田　羊からラクダに乗り換えたわけだ。

中田　そうなんです。アラブ遊牧民には半ば定住した羊遊牧民と、砂漠に暮らすラクダ遊牧民の二種類の遊牧民がいます。

ラクダ遊牧民は、牧畜を生業としつつも時に略奪もはたらきます。加えて、移動力と広い地域にわたる知見を活かして遠隔地貿易にも勤《いそ》しむ商人でもありました。彼らは過酷な砂漠を自由自在に行き来して、戦闘力もあるので、「自分たちこそが本当の遊牧民だ」とプライドが高い。

ムハンマドのようなマッカの民は、基本的には定着した都市民なんですが、ラクダ遊牧民の生活スタイルもまだかなり保持していたんです。

島田　その時代には、すでに貨幣経済も浸透していたんですか？

中田　浸透とまでは言えないかもしれませんが、ある程度は、貨幣経済も入っている段階です。当時のアラブは、自給自足の農業、牧畜や物々交換、貨幣経済がごった煮の状態で、商売の形態も多様で、商人が大勢いる。だから、商売の言葉を使うと、説得しやすいんですね。

島田　今、カアバ神殿に三六〇体の偶像が置かれていたという話が出ましたが、ムハンマドは、その偶像を一掃してしまいますよね。その結果、現在のカアバ神殿には何もないという状態が生まれました。ただ、大きな絨毯《じゅうたん》によって覆われているだけで、なかには何もない。

日本の神道だとそれに近い形になってはいますが、最終的には御神体というものがあって、それが信仰の対象物になっている。イスラームほど徹底されてはいません。

そのことは、もしかしてイスラームの成立にも関係しているのかと思うのです。その三六〇体の偶像というものは、前にアラブは部族社会だという話が出ましたが、それぞれの部族が祀っていたものであり、ムハンマドとしては、部族が個別に神を祀っているようでは、アラブ社会の統合もはかれないし、平和も訪れないと考えたのではないかと、私などは思うわけです。

イスラームの歴史のなかで、ムハンマドがマッカからマディーナへと移ったことは、「ヒジュラ」として重要なこととされていますが、その際に、ムハンマドは部族間の調停者として呼ばれたとも言われています。そこには、ムハンマドが、部族の神々を超えて、ただ一つの神への信仰を説いたことが大きく影響していたと考えていいのでしょうか？

中田　そうですね。

禁欲主義がない理由

島田　先ほどイスラームにおいては気前のよさが重要だという話が出ました。キリスト教だと「禁欲」ということが強調され、毎日祈りに専念し、慎ましく生きるということが求められ、それを実現するための場として修道院が次々とつくられていきましたが、イスラームにはそうした禁欲的な考え方というものは全くないということでしたが。

中田　ないですね。少なくともイスラームの初期の時代に、修道院制度を自覚的に否定しています。というのも、イスラームは中庸《ちゅうよう》の教えだという共通認識がムスリムにはあるからです。

中庸だから極端や過激であることを嫌います。たとえば誰もが結婚をしないと、社会は滅びてしまう。みんなが修道士のような極端な生き方を選ぶと、社会は成立しないので、修道院制度は否定されるんです。

島田　ただ、キリスト教社会でも、別にみんなが修道院に入って修道士になるわけではないですよね。一方には、結婚をして家庭生活を営む世俗の人たちもいる。これは、仏教でも構造は同じですが、そうした一般の在家の人間は経済活動に精を出し、そこから上がるお金を修道生活、修行生活を送る宗教家に布施して、それが本人の功徳になるということになっています。そういう、いわば出家と在家の棲《す》み分けをするといった発想はなかったんでしょうか？

中田　そもそもイスラームでは人間はみな同じだから、「棲み分け」という発想自体がありません。

島田　なるほど。預言者のムハンマドでさえも、イエスのように奇跡的な能力を持っているわけではないし、そもそも神ではなく当たり前の人間なわけですからね。

私たち日本人は、たまたま出家ということを重視する仏教とキリスト教に慣れ親しんできたために、出家者がいて、世界は聖と俗とに分けられるというのが宗教の基本的なあり方だと思ってしまっているところがあります。しかし、逆にそちらの方が特殊で、イスラームのあり方の方が、神道とも似ていますが、宗教としては一般的なあり方だと考えることもできますよね。

中田　預言者というのは、神ではなく、みんなが真似をすべきモデルなんです。真似をするべきモデルが極端だと、社会が成り立ちません。

島田　他の宗教であれば、教祖であれ、聖者や聖人であれ、信仰を極端なところまで追求する人間が崇められる傾向がありますね。中庸というのは、これは、初期仏教で説かれた中道とも共通するかもしれませんが、あまりに無難で、その分、崇める価値が薄いようにも感じられてしまうんですが。

中田　本当は中庸こそ難しいのですが、たしかに島田先生がおっしゃるように、極端な人間が崇められる傾向はどんな宗教にもあります。たとえばイスラームでも、中世にはスーフィズムのような神秘主義が栄える。でも、イスラーム本来の教えからすれば、神秘体験は特段、重要なものではありません。イスラームでは、ムスリムとなって法に従って生きれば、死後、救済される。神秘体験をしようがしまいが、救済とは関係ないんですね。

島田 世界のどの宗教でも、歴史を重ねていくと、神秘体験を重視するような流れが生まれます。

仏教だと、大乗《だいじょう》仏教の展開のなかで、ヒンドゥー教の神秘思想と融合する形で密教が発展し、それは多くの人を引きつけ、日本でも一時期密教が仏教界を席捲《せっけん》したことがありました。キリスト教でも、途中から神秘主義の伝統が生まれますし、聖者崇拝には殉教という要素が極めて重要な意味を持っていますから、とても中庸とは言えませんね。

それに比べて、神秘体験を重視しないという意味では、イスラームは合理的です。ある意味では、近代主義的とさえ言える。

中田 他の宗教に比べると、先進的すぎたのかもしれませんね（笑）。

寄進がイスラーム社会をつくった

島田 本来、イスラームは合理的なものだから、宗教としては非常にわかりやすいもののはずです。でも、宗教学的に見れば、イスラームはユダヤ教やキリスト教の影響を色濃く受けて成立しています。だとすると、キリスト教の方は、とくにカトリックでは、どんどん複雑な制度をつくり上げていったわけですから、イスラームも制度という面でキリスト教から影響を受けていてもおかしくない気がするのですが。

中田　影響を受けている部分もあります。たとえば、第1章でも少しふれた寄進制度がそうです。慈善事業のために寄進された財産や建物、土地を「ワクフ」といいますが、このワクフ制度は、キリスト教の寄進制度の影響を受けているという考え方もあります。また、イスラーム法を整備していく上では、ローマ法のようなものがある程度影響している可能性もあるでしょうね。

島田　イスラームでは、喜捨は義務とされていますが、ワクフは義務ではないですよね。

中田　喜捨にも、義務のものと任意のものがあるんです。義務の喜捨（サダカ）を浄財（ザカー）といいます。任意のものは、人知れずやりますから、その分、来世で褒賞を得られることになっています。

一方で、ワクフはおっしゃるように義務ではありません。ワクフは、もともと「止める」という意味で、これは所有権を止めるということなんです。所有権を神に移す。そうすれば、誰にも譲れなくなる。

第1章ではモスクの建設が、個人の寄進によるものだと言いましたが、モスクだけではなく、イスラームでは学校や病院もワクフ制度によって運営してきました。そして、このワクフ制度があるから、イスラームでは国家が教育や医療をやる必要がないわけです。

そうやって社会による自発的なイスラーム経済というのが成り立っていたというのが、中世のイスラームなんです。

島田　それは、すでに述べましたように、日本も同じですね。近代に入って社会福祉制度が整備されるまでは、寄進が福祉を担っていた面があります。どの宗教でも寄進が高く評価されるということは、共通しています。

中田　アラブの場合、西洋的な国民国家の枠組みを押し付けられたことで、ワクフはみんな国家に分捕られてしまっています。たとえばエジプトでは、一九六〇年に、ナセルの社会主義的な政策がワクフをすべて国有化してしまった。いまでは世界中がそうなってしまっていて、モスクであれ教育・医療であれ、国に運営権を乗っ取られているわけです。

この点でも、カリフ制を再興して、ワクフを元に戻さなければいけません。国家の力をできるだけ小さくして、社会のなかでシェアするのがカリフ制の理想なのです。

島田　カリフ制の再興は、「ワクフ革命」でもあるということですね。そうなると、本当に既得権益を大きく毀《き》損《そん》する可能性が出てきて、体制側からすれば、これほど危険な考え方はないということになりそうです。資本主義社会にとっては、私有財産の否定という側面では、共産主義革命と同じ意味を持つわけですから。

中田　そのとおりです。

借金は、あるとき払いの催促なし

島田　これは最近ではよく知られるようになったことですが、イスラームでは利子が禁止されていますね。そうすると、お金の貸し借りにルールのようなものはないんでしょうか。

中田　ムハンマドがこういう言葉を残しています。「全ての貸与は喜捨である」「二回お金を貸すことは、喜捨を一回することに等しい」。つまり、お金を貸すということは、喜捨の一種であるということです。

島田　では、お金を貸して、相手が返せなくなったら……。

中田　そのときは諦《あきら》めるんです。

島田　あっさりとですか？

中田　返せないものは返さなくていいよ、というのがイスラームなので。

島田　それはまた随分と寛容な考え方ですね（笑）。

中田　本当にそうなんです。もちろん、お金を持っているのに返さないのはいけませんが、お金がない場合は返さなくていい。利子も禁止されているから、利子だけ取って、あとから回収することもできない。じゃあ、面倒くさいからもうあげよう、と。

こういう形で借金を棒引きすると、それ自体が喜捨と同じように扱われる。だから、来世でその分、褒賞をもらえるわけです。

島田　たしかに、わかりやすいですね。

中田　そもそも借金って、お金がなくて困っている人が借りるわけだから、貸した方は返ってこなくて当たり前なんですよ。

島田　それなら、ヤミ金に身ぐるみはがれたりしないで済みますね。

中田　日本の借金というのは、食うに困っている人たちと、お金儲けの元手にしようとする人たちを、法的に区別しませんよね。どちらも一〇〇万円借りたら、同じように利子がついてしまう。

でもイスラームは違います。投資としてお金を貸す場合は、利益が上がったときに何割で折半するということをあらかじめ決める。それで儲けてくれたら、決められた分の利益をもらうし、失敗したら諦める。
一方、困っている人に対して貸す場合は、あるとき払いの催促なしで貸す。どちらも相手が返せなくなった場合は返さなくていいのですが、両者は別物として扱います。
島田 それは合理的ですね。
中田 日本もイスラームのようにすれば、『闇金ウシジマくん』とか『ナニワ金融道』の世界にならなくてもいいんです。
島田 ただ、こうした利子を禁止するという考え方は、イスラームの専売特許ではありませんね。最初は、ギリシアの哲学者アリストテレスで、『政治学』という本のなかで、「貨幣が貨幣を生むことは自然に反している」と述べています。これによってアリストテレスは利子を否定したわけです。
それが直接影響したということではないでしょうが、ユダヤ教の聖典であり、キリスト教の聖典にもなったトーラー、キリスト教の旧約聖書にある「出《しゅつ》エジプト記」では、「あなたと共にいる貧しい者に金を貸す場合は（中略）利子を取ってはならない」とあります。あるいは、「申命記《しんめいき》」では、「同胞には利子を付けて貸してはならない」とあり、逆に「外国人には利子を付けて貸してもよい」と述べられています。

これは、いまの中田さんのお話と通じることですが、同胞と外国人が区別されていることについては、どう考えればいいのでしょうか。それは、ユダヤ教だけではなく、イスラームでも共通していることでしょうか？

中田　イスラームでは、多数説では異教徒からも利子を取ることは許されません。

島田　クルアーンでは、「利息を貪《むさぼ》る者は、悪魔にとりつかれて倒れた者がするような起き方しかできないであろう。それはかれらが『商売は利息をとるようなものだ』と言うからである。しかしアッラーは、商売を許し、利息（高利）を禁じておられる」となっています。これは、利息そのものを否定しているのでしょうか、それとも高利を禁じているのでしょうか。

中田　それは誤訳です。禁じられているのは多少を問わずすべての利子です。

島田　利息そのものが禁じられているということであれば、それはやはり、利息というものは神が生み出したものではないというところに、禁止の根拠があると考えていいのでしょうか？

中田　いえ、根本的な理由は利子が等価交換の原則に反するからです。

反イスラーム的なイスラーム金融

島田　利子ということが、イスラームの教えの根本にかかわるということがわかったと思いますが、ここ数年、利子を取らないイスラーム金融が、グローバル資本主義のなかで一つのオルタナティブとして称揚されています。こうした動きはイスラーム法的にはどのようにとらえればいいんでしょうか。

中田　イスラーム金融やイスラーム銀行と呼ばれているものは、その実態を見ると、極めて反イスラーム的です。

たとえば、イスラーム銀行は不換紙幣を取引していますが、イスラームでは、不換紙幣を認めません。千円とか壱万円と印刷されている紙切れに価値があるところから、そもそもおかしいわけです。

なぜ、紙切れが価値を持つかといったら、国家が紙切れに価値があると認めて、それを押し付けているからですよね。価値がない紙切れに、国家が無理やり価値を与えること自体が反イスラーム的なのです。

島田　神ではなく、人間がつくり上げた国家が価値を創造するのは、間違っているということですね。でも、お金というもの自体はイスラームでも認められているわけですよね？

中田　イスラームでは、金貨や銀貨を正貨と考えます。金《きん》は総量が決まっていて、希少性もあるので、価値尺度としての安定性は抜群です。ただ、金銀は重くて持ち運びにくいので、その代わりに小切手を使うことは許されるし、金銀との交換の裏付けがある兌換《だかん》紙幣は認められるんです。

島田　金銀本位制ということですね。そこには、イスラームが最初から商売と深く関係したということが影響しているのでしょうか。そうした商売はグローバルなもので、部族を超えて行われるものなので、紙幣のような部族を超えたら通用しないものでは困るということなんでしょうか？

中田　そうですね。

島田　確かに最近、イスラーム国（ＩＳ）が、独自通貨の金貨や銀貨を発行したという動画がインターネット上で流れました。彼らは、金本位制を廃止した米ドルを「ただの紙切れ」だと。

中田　イスラーム国（ＩＳ）がやろうとしていることは、金や銀を正貨とし、兌換紙幣だけ認めるイスラームの経済観と密接に関係しています。イスラームの原理に忠実であろうとすれば、そうなるのは自然です。

ただし、金銀本位制については解放党（ヒズブ・タフリール）やムラービトゥーン運動が論じていますが、サラフィー・ジハード主義者の間ではこれまでほとんど顧みられてきませんでした。これはイスラーム国（IS）が本腰をいれて国家運営のイスラーム的あり方を研究していることの証しとも言えるでしょう。

島田　お金も「現物」しか認めないということになれば、マネーゲームなどもってのほかということになりますね。

中田　もってのほかです（笑）。帳簿上だけでバーチャルなやりとりをするから、バブルが生まれたり、崩壊したりするんですよ。リーマン・ショックで一日のうちに金融資産が半分になったと言われても、ピンと来ませんよね。世の中の現物は、何一つ変わっていない。食べ物や石油は、昨日と同じように今日もある。ところが、帳簿上のお金はなぜか半分に減っているわけです。実体のないバーチャルマネーを崇めるのは、要するに偶像崇拝です。バブルが崩壊したって、実物の世界では困りようがない。食べ物があれば、それで生きていけるわけですから。

島田　バーチャルなマネーを偶像崇拝としてとらえるというのは興味深い視点ですが、それは、どういう理由によるのでしょう？

中田　不換紙幣もバーチャルマネーも、数字という記号にすぎず、リアルな実体に対応してないものですよね。イスラームでは、記号は事物と正しく対応すべきだと考えます。記号が事物との対応を失って、それだけがひとり歩きして人々を支配するようになることは偶像崇拝にほかなりません。

島田　となると、偶像崇拝を禁止するということは、たんに偶像を崇めることを禁じたというだけではなく、もっと本質的な意味を持っているということですね。

中田　そうです。

島田　そのようにとらえると、偶像崇拝の禁止ということの意味するところが理解されてきますが、現状では、これはイスラームの外側ではもちろん、内側でもしっかりとはとらえられていない気がします。

二〇一五年一月には、「シャルリー・エブド襲撃事件」が起こり、風刺画のことが問題になりましたが、たんに絵に描くということが禁止されているというだけではなく、社会が進展していくにつれ、バーチャルな領域が拡大されていくこと自体が、イスラームからすると問題になるということでしょうか？

中田　おっしゃるとおりです。

島田　話を経済に戻すと、そうは言っても、利子を取らなければ、お金を貸し借りすることができなくなりますよね？

中田　もちろん個人の間で貸し借りをする分には何の問題もないですし、信用取引も認められます。たとえばドバイにいる出稼ぎ労働者がパキスタンの知人に電話をして、「いまから一万円を振り込むから、そちらで一万円を自分の家族に渡してね」と頼めば、もうお金のやりとりは成り立つんです。一人信用のできる人間がいれば、それでいいわけですね。

島田　反イスラームであるイスラーム金融は、具体的にはどういうカラクリになっているんですか？

中田　利子を取っていないと言いつつ、実質的には利子に当たるものを取っているんです。たとえば、時価一〇〇万円の車を買うのに、買主が年利五〇％で一年後に一五〇万円払うという契約で銀行から一〇〇万円を借りて、その金で売主から車を買えば利子の禁止に抵触します。

ところが、これをイスラーム銀行と称する会社が車を売主から一〇〇万円で買い上げ、それを代金一年後の後払いの一五〇万円で買主に売れば、お金の流れとしては年利五〇％の利息で金を借りて買うのと全く同じであるにもかかわらず、合法な取引だというのです。

見かけ上、利子を回避する脱法行為はイスラームの名を騙《かた》った詐欺の類だと私は思っています。

島田　詐欺ですか。たしかに、イスラーム法に背かないような方便としての側面がイスラーム金融にはありますが、それは、現代社会にイスラームを適用させるために不可欠な手段とは考えられないわけですか？

中田　いいえ、むしろ真のイスラーム法の適用を妨げる障害の一つです。

割り勘は損

島田　日本では、貯金や貯蓄をすることが美徳のように考えられていますが、だったらムスリムは、貯蓄はしないんでしょうか。

中田　貯めるというのは、イスラーム的ではないんです。利子を禁止していることとも関係しますが、利子を得るということは、余ったお金を預けて、その利息をもらうということですよね。持てる者が貯め込んだら、貧しい人に回ってこない。これは「持っているものはどんどんみんなに回せ」というイスラームの発想に反します。

なぜお金を貯めるのかといえば、自分たちの命がずっと続くかのように考えるからですよね。しかし、人間はいつ死ぬかなんてわかりません。いま自分が死ぬとわかっていれば、お金を稼いでも、何の意味もありません。

とはいえ、人はいつ死ぬかわからないということは、死ぬまでは生きていなければいけない、ということでもあります。ですから、いつ訪れるかわからない死を意識しながら、「いま」を良く生きるために、お金を使うことが大事なんです。

島田　いまの日本人は、自分たちが八〇歳を超えても生き続けることを前提にしていて、実際にそういう人たちが多くなってはいるわけですが、その分、老後のことを心配するようになっています。心配せざるを得なくなっているとも言えます。

もちろん、そうした状況のなかでも、若死にする人たちはいるわけですが、だんだん「人はいつ死ぬかわからない」ということにリアリティーが感じられなくなっているのもたしかです。それで、将来をまず考えて、逆算して今を考えている。

でも、イスラームの社会でも、日本のように寿命が延びていったとしたら、果たして、いまをより良く生きるということに集中できるのでしょうか。そこに変化は生まれないでしょうか。あるいは、日本のような長寿国でも、そうした考え方を受け入れる道はあるものなのでしょうか。

中田　良く生きるとはどういうことでしょうか。莫大なお金をかけて最新医療の延命器具をつけてどうせ死ぬ命を長引かせることでしょうか。いまを良く生きるとは、神に仕え、虐げられた弱者を助けることです。すべてのムスリムがそうですが、肉体的な欲望が減衰し、妻子を養う義務から解放された老人はとくにそうすべきでしょう。

島田　それで、お金のことに戻れば、イスラームでは、どんどん回せ、という発想になると。

中田　そうなんです。同じような発想から、割り勘も損なんです。

島田　割り勘が損？

中田　イスラームの考え方では、礼拝や浄財は来世で儲かる労働であり、礼拝や浄財に精を出す者は立派な「働き者」ということになります。

ハディースにはこういう話があります。預言者ムハンマドが、一人の男に「最も優れた善行は何でしょうか？」と尋ねられた。預言者は「アッラーを信じ、彼（の啓示と預言者）を正しいと認め、彼の道でジハードを行い、敬虔《けいけん》な巡礼を行うことです」と答えます。男が背を向けて去ろうとすると、預言者は呼び止めて、こう言うんです。「それより簡単なことは食べ物を施すことと優しい言葉をかけることです」。

ムハンマドは、来世で儲かる一番簡単な「労働」が、優しい言葉をかけて食べ物を施すことだと教えたわけですね。

割り勘の話に戻すと、たとえば三人の仲間で三回食事をするとします。毎回、割り勘でお金を支払っただけでは、来世で罰もない代わりに褒賞もありません。ところが、三人が順番に奢ると、食事を奢った人は、食べ物を施すという「来世で儲かる労働」をしたことになるんです。

島田　払う額はどちらも同じだけど、奢った方が三人とも来世のためのボーナスポイントがもらえるんですね（笑）。

中田　たとえ来世でのボーナスポイントを信じなくても、「ただ飯」にあずかった者は素直に嬉しい思いをするし、奢った方も、喜ばれ感謝されて嫌な気はしません。たいていは、誇らしいようなくすぐったいような小さな幸せを感じると思うんです。

つまり、お互いに奢り合うことで、割り勘の場合には得られない余分な「効用」を得られるわけです。

島田　それは、前に話が出た気前の良さということにも通じる話で、日本でも、そうした面はたしかにありますよね。奢るということは、たんに奢る側にとって経済的な負担になっているわけではなく、自分の気前の良さを公に示すことができるという点で、気持ちがよかったりします。それが、来世にも関係するとなれば、なおさらです。

でも、そうした、なかなか日本人にはわからないイスラームの考え方についてお話を聞いていると、イスラームのイメージが随分と違ったものになってくる気がします。

厳格な宗教という固定観念が外れて、イスラームというのは相当に合理的で、考えようによっては、御都合主義とさえ思えるところがあります。やはり、日本人はイスラームを誤解して見ているということでしょうか？

中田　日本人にはまだイスラームは全く知られていません。もっとも、ムスリムを自称する人たちも全くイスラームをわかっておらず、わかっていないという自覚すらないのが、イスラームの末法の現状ですから、イスラーム教徒でない日本人にイスラームをわかれ、というのは、無理な注文、ないものねだり、というものでしょう。

「ハラール認証」は詐欺

島田　割り勘の話で食事のことが話題に出たので、日本の新聞やニュースでよく聞く「ハラール認証」についてお聞きします。

イスラームの食べ物の規定では、食べてはいけないものが「ハラーム」、食べていいものが「ハラール」ということになります。「ハラール認証」とは、ある食べ物がイスラーム法的に許されていることを証明する制度ですが、本来のイスラームから見ると、どうなんですか。

中田　ハラール認証は、ひどい詐欺だと思います。本来、ハラームというのはアッラーが決めたものであって、イスラーム法では、酒や豚肉はハラームだと規定しているわけです。でも、イスラーム法の規定はそこまでであって、個々のラーメンやカレーがハラームかハラールかということは、個人がその都度、判断すればいいだけの話なのです。

島田　個人の判断でいいというのは？

中田　イスラーム法学者が見解を出す程度のことはできるけれど、最終的には本人がクルアーンとハディースを読んで、自分の責任で判断しなければいけません。

ハラール認証の最大の問題は、特定の認証団体がイスラームの名のもとに認可していることです。イスラームではアッラー以外の権威は認めません。アッラー以外の誰かが「この食べ物はハラールだ」と言うことは、神の大権を侵すことですから、そういう人間は多神教徒だと私は思っています。

島田　でも、イスラーム金融にせよ、ハラール認証にせよ、資本の論理に乗っかって、どんどんビジネスを展開しているように見えますが。

中田　だからいま、イスラーム世界というのは現実にはほとんどないわけですよ。現実には、不換紙幣だって使っているし、利子のようなものもつけてしまっている。サウジアラビアやドバイなんてひどいものです。貧しく暮らしている人々の間では、まだイスラーム的な倫理がかろうじて残っていますけどね。

島田　一般的にはイスラーム金融が拡大したり、ハラール認証が盛んに行われるようになったことは、イスラームが復興しつつある証としてとらえられているわけですが、それはまるで違うということですね？

中田　おっしゃるとおりで、イスラームのさらなる堕落と逸脱のしるしでしかありません。

商売は個人の信用がすべて

島田　イスラームには、「組織」という概念が希薄なわけですよね。

中田　そうですね。

島田　だとすると、本来的には、商売も基本的には個人経営みたいな形になるのでしょうか。

中田　イスラーム法では虚構でしかない法人をつくってはいけないことになっていますから、商売をする場合、すべてにおいて個人が責任を負う形になりますね。

それでも商売ができないわけではありません。カイロの下町の香料・薬種商など、個人経営の店なのに、何億円単位の商売をふつうにしています。

それが可能なのは取引の根底にあるものが信用だからです。約束を守った方が、互いにとって利益になると思えば、相手を信用します。だから、個人の信頼関係というのが非常に重要なんです。日本だと、何を買うにしても、お墨付きがあるかどうかを確かめるじゃないですか。

島田　黒毛和牛の等級とか、ミシュランの星とかですね。

中田　イスラームでは、そういう組織が発行した認証は偶像崇拝になりますから、信頼や信用を担保しないんですね。たとえば日々の生活で食品を買ったり、レストランで食事をしたりする場合も、店の主人がしっかりした人だったらその店に行きますが、疑わしい人が経営している店であれば行かない。それだけです。

島田　個人間の信用の基礎にあるのは何でしょう？

中田　やっぱり信仰ですよね。

そもそもイスラームの信仰の基礎には、預言者ムハンマドへの個人的な人格的信頼があります。最後の審判だとか、天国や地獄といったものは、自分の目で確かめることができません。ムスリムがそれを信じることができたのは、預言者ムハンマドが決して嘘をつかない人だということを、みんなが知っていたからです。神さまからの啓示を授かる前のムハンマドの綽名《あだな》は「アミーン（正直者）」でした。マッカ（メッカ）の多神教徒たちが、イスラームを受け入れずイスラーム教徒たちを迫害していたときも、ムハンマド個人への信用は揺るがず、大切な預け物は彼に託していたほどです。

この預言者ムハンマドに対する絶対的な信頼が、彼が伝えた世界の創造主アッラーへの信仰を生みます。創造主アッラーは全知全能の神で、私たちの行いをすべて知っています。信仰のあついムスリムは、人間は騙せても神さまを騙すことはできないと知っているので、決して嘘をつくことも、神さまとの約束を破って礼拝や断食を怠ったりすることもありません。

そう考えると、神さまとの約束さえも破るようなムスリムは、人間との約束を破ることなど平気だと思われても仕方ありません。他人の目にも、礼拝をしたり断食をしたりといった日常の行動によって、アッラーとの約束を果たしているかどうかはわかります。ムスリム社会では、アッラーとの約束であるイスラームの教えを守ることが、信用の基本なのです。

島田 日本の社会では、宗教を信じるという方向には向かいませんが、人を信じるということはかなり重視されています。むしろ、それこそがいまの日本の誇りにもなっているかと思います。

以前、東京ジャーミィのモスクにうかがって、そこのイマームにインタビューしたことがあるのですが、人を信じるという面では、日本の方がイスラーム圏よりも実現されているということを言っていました。今、中田さんのおっしゃったことは、イスラームの現実というよりも、理想のあり方を示したものと理解してよろしいのでしょうか？

中田 いまのムスリムはイスラームの教えから遠く離れ去っていますからね。

島田 では、非ムスリムである日本人は、ムスリムとどうつきあっていけばいいとお考えでしょうか。

中田 もちろん異教徒である日本人が、イスラーム教徒から信仰を基準に人間を測られることはないんです。でも、イスラームでは組織の肩書きや書類はあまり意味を持たないこと、そして顔の見える個人的な信頼関係がすべてのベースになることは、知っておいて損はないと思います。

島田　ぼったくりはいいけど、ケチは恥といった経済観念もだいぶ違いますからね。そのへんのことを知っているのと知らないのとでは、随分とイスラームについての理解が変わってくるはずですね。

「イスラーム資本主義」に向けて

島田　ところで、イスラームにおいては税金の制度はどうなっていますか。

中田　これも本来のイスラームであれば、という話になりますが、喜捨が一種の宗教税ですね。それ以外だと、ユダヤ教徒とキリスト教徒にジズヤという人頭税があります。これはすごく安いんです。定額で年間六、七万円ですから。

島田　資産がいくらだろうが、同じなんですか？

中田　同じです。

島田　そうなるとたしかに安いですね。他の徴税は？

中田　ありません。イスラームでは、徴税は強盗と同じで、徴税する人間がいれば、殺害する義務があるほどです。

島田　ほほう。日本人もイスラームに改宗したくなってくる話ですが、そうなると、喜捨だって大した税率ではないから、仮にカリフ制が実現しても、財源はあまりないですよね。インフラを整備するなどと言ったときには、けっこう厳しくないですか。

中田　インフラ整備は弱点なんですよ。カリフ制では、新たに道路や鉄道網をつくるのは難しい。カリフには私有地を接収する権限もありません。

ただ、現在、それぞれの国家が国有化しているものは没収してカリフの支配下に置けるので、すでにある道路や鉄道を維持管理する形で運営することはできます。油田もウンマ（イスラーム共同体）の共有財産として利用できますから、イチからすべてをつくる必要はないんです。

島田　カリフ制が実現するとしたら、ＥＵ的なものが一つの目安になるのでしょうか。

中田　私はそう思っています。イスラームが徴税を禁じるのは、イスラーム世界の内部は当然として、外部との交易に対しても関税が課されないということなんですね。

イスラーム法に守られて、資本や商品、人間が自由に移動する。取引をする場合は、高品質の金貨や銀貨が信用を担保するようになる。これがイスラーム資本主義です。

そのためには、ＥＵが欧州経済共同体として出発し、域内の関税を撤廃し、その後、域内の人間の移動の自由化、共通通貨（ユーロ）を実現したように、「イスラーム経済」も、まず資本、商品、人間が自由に流通し、金貨と銀貨を共通通貨とするような方向性がいいんじゃないかと思います。

島田　それは、かなり壮大で理想主義的なプランにも思えますが、具体的にいまのイスラーム世界がそういう方向に歩み出している兆候というのはあるのでしょうか？

中田　イスラーム国（ＩＳ）は五ディナール金貨の鋳造《ちゅうぞう》を発表しました。私もネットで写真を見ただけで、現物が流通しているのを確認はできていませんが。

島田　話はこれからのイスラーム世界がどういった方向に進んでいくのかというところまできましたが、全体のお話を通して、私たちの考えてきたイスラーム像が、実際のものとはかなり違うものであることが明らかになったように思います。

イスラームの世界がさまざまな点で遠いということもありますが、何より、その原理が、私たち日本人が考えている宗教というものと、かなりずれている。それは、どの宗教が正しいのかということではありませんが、イスラームには、それなりの明確な論理というものがあり、その点では相当に合理的な形をとっている。その合理性が、これまでほとんど理解されてこなかったのではないでしょうか。

中田　おっしゃるとおりかと思います。

島田先生は東大の宗教学の先輩です。現在は東大大学院のイスラム学はアジア文化専攻に組み込まれていますが、私の在学当時は人文科学研究科宗教学宗教史学専攻の一部でした。私より一世代年長の島田先生はもう在籍しておられませんでしたが、イスラム学科一期生だった私は、宗教学の専任教官と院生全員が出席する水曜ゼミにも出席していました。同期には現在東大宗教学宗教史学研究室准教授の藤原聖子先生、翻訳家として活躍されている中村圭志先生などがいました。田丸徳善先生からほぼマンツーマンでオットーの *Das Heilige* のドイツ語原典講読のてほどきをしていただいたのも良い思い出であり、宗教学は私のアイデンティティの一つでもあります。

ところが、私の代の後からは、イスラム学の院生は宗教学のゼミに出席しなくなりました。つまり私より若い世代の日本のイスラーム研究者は宗教学の専門的なトレーニングを受けていないのです。

日本は歴史的に明治維新までイスラームとの本格的な出会いの経験がなく、現在でも日本ではイスラーム教徒は超マイノリティーであるばかりか、イスラーム教徒と付き合ったことがある者さえほとんどおらず、いまだにイスラームは馴染みのない宗教です。私たちは未知のものを理解するには、まずは既知の似たものから類推するしかなく、イスラームを理解する第一歩としては、身近な神道、仏教、キリスト教のような「宗教」の枠組みを当てはめるのは当然です。しかし、そうした類推による理解は、しょせんは近似的理解、つまりは誤解でしかなく、その自覚がなければ、イスラームの本当の理解を妨げる障壁になってしまいます。

そうしたイスラーム誤解の陥穽《かんせい》に陥らないために、辺境の無文字社会や古代の高文明から壁画に現れた先史時代に至るまでのさまざまな宗教を幅広く研究対象とし、キリスト教や仏教を特別視せず、また身近な宗教を相対化し、自覚的に客体と向き合い内在的な理解を目指す宗教学の視点は貴重です。

その意味で、宗教学の先輩である島田先生を相手に日本人にわかりやすい形でイスラームについて語るという本書の企画は私にとって願ってもないものでした。

日本でも同じことですが、社会の構成と行動様式は、内部の人間にとっては自覚されないほどに「当たり前」、「自然なもの」であって通常明文化されておらず、深い付き合いのない外部の人間には理解が困難であるのが常です。イスラームの場合も同じで、イスラームの思想や政治を専攻していても、文献資料に主として依拠する研究者によるムスリム社会の分析は、このムスリム社会のグランドリアリティーの理解を欠いているために、ムスリム自身から見ると的外れに見えることがしばしばあります。その点、島田先生は、トルコ人ムスリムと国際結婚した妹さんとの親戚付き合いを通じてムスリムの社会構成と行動様式を「体感的」に理解しおられるため「話が通じ」、実りある対談ができたと思っています。

読者諸賢におかれては、イスラームに興味を抱いて入門書を手に取った者によくあるような、現代日本、あるいは近代西欧の宗教理解に引きつけて理解してイスラームがわかった気になってしまうことも、逆にムスリムを自分とは無関係な別世界の理解不能な他者であると結論付けてしまうこともないと信じています。

私はイスラーム学の専門的な研究を志し、ムスリムとして神に仕えて生きると決めてから三〇年以上になりますが、自分が何も知らない、わかっていないとの思いが日毎に深まるばかりです。どの学問でも同じですが、人間が理解できることは、理解できないことと比べると無に等しく、イスラームも例外ではありません。

無限の絶対者と対峙したときに有限なる自己が無にすぎないことを知り、同時にその自己の無性こそが無限の超越者への通路であることを悟ること、イスラームを学ぶことの本当の意味はそのことにのみあります。

本書が、イスラームを学ぶための誘いとなれば、望外の喜びです。称賛はすべて万有の主、アッラーにのみ帰されます。

中田考

幻冬舎新書 395

世界はこのまま
イスラーム化するのか

二〇一五年十月十五日　第一刷発行

著者　島田裕巳＋中田　考

発行人　見城　徹
編集人　志儀保博

発行所　株式会社　幻冬舎
〒一五一-〇〇五一　東京都渋谷区千駄ヶ谷四-九-七
電話　〇三-五四一一-六二一一(編集)
〇三-五四一一-六二二二(営業)
振替　〇〇一二〇-八-七六七六四三

ブックデザイン　鈴木成一デザイン室

印刷・製本所　株式会社　光邦

検印廃止

Printed in Japan　ISBN978-4-344-98396-0 C0295
し-5-9

幻冬舎ホームページアドレス http://www.gentosha.co.jp/
*この本に関するご意見・ご感想をメールでお寄せいただく場合は、comment@gentosha.co.jp まで。